国际贸易

王 静 ◎ 编著

西南财经大学出版社
Southwestern University of Finance & Economics Press

中国·成都

图书在版编目(CIP)数据

国际贸易/王静编著. —成都:西南财经大学出版社,2018.5
ISBN 978 - 7 - 5504 - 3337 - 3

Ⅰ.①国… Ⅱ.①王… Ⅲ.①国际贸易—教材 Ⅳ.①F74

中国版本图书馆 CIP 数据核字(2017)第 325860 号

国际贸易

王静 编著

责任编辑:冯梅
封面设计:何东琳设计工作室
责任印制:朱曼丽

出版发行	西南财经大学出版社(四川省成都市光华村街55号)
网 址	http://www.bookcj.com
电子邮件	bookcj@ foxmail.com
邮政编码	610074
电 话	028 - 87353785 87352368
照 排	四川胜翔数码印务设计有限公司
印 刷	四川五洲彩印有限责任公司
成品尺寸	185mm×260mm
印 张	12
字 数	276 千字
版 次	2018 年 5 月第 1 版
印 次	2018 年 5 月第 1 次印刷
书 号	ISBN 978 - 7 - 5504 - 3337 - 3
定 价	30.00 元

前　言

　　国际贸易是在国际分工和商品交换的基础上形成的，随着现代信息技术的发展，国与国之间的沟通渠道越来越多，合作方式也日益多样化，国际贸易在世界经济发展中发挥着越来越重要的作用。世界银行的数据显示，20世纪60年代，货物和服务出口总额在世界GDP中的比重最高仅为13.1%；20世纪70年代，该数值增加至17.3%；20世纪80年代和90年代分别进一步提升至19.3%和23.9%；进入21世纪，该比重最高达到30.7%，也即国际贸易贡献了将近三分之一的世界总产值。

　　具体到单个国家或地区，对外贸易呈现出明显的差异化特征。以对外贸易依存度为例，世界银行2016年统计数据显示，有些国家或地区的对外贸易依存度超过60%，如德国、瑞典、葡萄牙、墨西哥、韩国、芬兰、挪威、西班牙等，而有些国家或地区的对外贸易依存度却远低于20%，如古巴、几内亚、约旦、利比亚、尼日利亚、朝鲜等。对比进口额与出口额，我们发现有些国家或地区整体表现为贸易逆差，如美国、英国、法国、加拿大、印度、菲律宾、澳大利亚、墨西哥等，而有些国家或地区则整体表现为贸易顺差，如德国、中国、韩国、荷兰、新加坡、瑞士、爱尔兰等。

　　更进一步分析，不同的国家或地区会选择与不同的贸易伙伴进行不同的商品或服务贸易。以中国对外贸易情况为例，2017年，中国商务部发布了一系列《国别贸易报告》，介绍了中国与主要贸易伙伴国在2016年的贸易情况。关于中美贸易，报告指出中国贸易顺差3.5千亿美元。中国从美国进口的主要商品为运输设备、机电产品、植物产品和化工产品，向美国出口的主要商品为机电产品、家具玩具、纺织品及原料和贱金属，是美国机电产品、纺织品及原料、贱金属及制品和塑料橡胶的首位来源国，具有较强的竞争优势。中国的家具玩具、鞋靴伞等轻工产品和皮革制品箱包占美国进口市场的59.3%、60.2%和55.0%，具有绝对竞争优势。在中俄贸易中，虽然中方同样为顺差（100.7亿美元），但中俄贸易商品结构与中美贸易有所不同。矿产品、木及制品和机电产品是俄罗斯对中国出口的主要产品。俄罗斯对华出口商品增长最快的是运输设备，增幅为267.3%，其次为贵金属及制品，增幅为125.4%。俄罗斯自中国进口的主要商品为机电产品、纺织品及原料和贱金属及制品。另外，活动物、动物产品的进口额增幅明显。关于中澳贸易，中国继续保持为澳大利亚第一大出口目的地和第一大进口来源地。与中美贸易和中俄贸易不同，中澳贸易中，中国贸易逆差157.6亿美元。矿产品一直是澳大利亚对中国出口的主力产品，占澳对中国出口总额的69.9%。纺织品及原料是澳对中国出口的第二大类商品，贵金属及制品是澳对中国出口的第三大类商品。澳大利亚自中国进口的主要商品为机电产品、纺织品和家具玩具杂项制品，占澳大利亚自中国进口总额的61.5%。贱金属及制品、塑料橡胶和化工产品等也为澳大利亚自中国进口的主要大类商品。

如果将时间因素考虑在内，国际贸易的状况将变得更加复杂。人们关注国际贸易及其发展，不仅仅是因为其直接影响一国或地区的经济发展，还因为国际贸易与就业、环境、国际关系等众多影响到国计民生的重要议题息息相关。以就业市场为例，一方面，国际贸易为一国或地区的产品提供更为广泛的消费市场，在一定程度上促进该国或地区外贸产品的生产，从而为本国劳动者创造更多的就业机会。由欧盟委员会联合研究中心和欧委会贸易司于2015年共同发布的一项研究报告显示，2011年，欧盟27个成员国与出口相关的就业岗位总数超过3 100万，仅欧盟对中国出口贸易就为欧盟国家创造了约300万个就业岗位。另一方面，由于进口商品与本国进口替代品之间的竞争、贸易引发的资源重新配置和产业结构调整等原因，国际贸易可能造成失业问题。美国总统特朗普在2016年总统竞选时曾多次批评北美自由贸易协定。在特朗普看来，北美自贸区不仅造成美国承受巨额贸易逆差，还严重地损害了美国的就业。大量墨西哥移民涌入美国，另外，受自贸区规则调控下的资源优化配置影响，一些工厂从美国搬到了加拿大和墨西哥，抢走了原本属于美国人的饭碗。同样的，从环境的角度来看，国际贸易也是一把双刃剑。国际贸易有利于一国或地区引进国际先进技术、工艺和设备，促进国内污染防治和生态环境保护技术的研发，用高新技术改造对环境有负面影响的产业，提升整体环保水平。但是，对于环境标准相对较低、处在国际价值链中低端、大量出口资源型产品的国家或地区来说，国际贸易可能会带来污染转移、资源过度开采等问题，加剧污染、破坏国内生态环境。譬如，一些发达国家的企业为了逃避国内较严的环保法规，通过国际贸易等渠道，将严重污染环境而遭禁止的生产转移到发展中和欠发达国家或地区。再譬如，山羊绒是我国内蒙古的优势资源，其相关产业链条对内蒙古经济发展起到了重要作用。山羊绒的大量出口，刺激了当地农牧民饲养山羊的积极性。但是山羊不仅吃草，还吃草根、树皮，对地表植被和草原植物生态破坏极大，草原的生态环境进一步恶化。20世纪80年代以来，80%的草地被破坏或沙化。

对待国际贸易，既不能只看眼前的经济利益而盲目追求进出口额的增长，也不能因噎废食，因为其可能带来的负面影响而排斥参与国际分工、与别的国家或地区进行商贸往来。那么如何平衡各贸易相关方的利益和需求呢？有什么措施可以扬长避短，尽量扩大国际贸易的积极面、抑制其消极面么？这需要对国际贸易的产生原因、贸易模式、贸易所得及其分配等各相关因素有比较深入的了解。本书第一章首先介绍世界经济贸易发展的现状和特点。接着从国际贸易理论和国际贸易政策两个方面对国际贸易相关议题展开阐释。国际贸易理论部分主要按照国际贸易发展的时间顺序，介绍一系列经典的国际贸易理论模型。共包括七章，第二章主要讲解重商主义、绝对优势理论和比较优势理论等三个早期国际贸易模型，这些模型主要从生产的角度分析国际贸易产生的原因及可能的结果；第三章的主要内容是标准贸易模型，将消费纳入到国际贸易分析中，从生产和消费的双角度分析国际贸易现象；第四章介绍出口供给曲线、进口需求曲线、提供曲线和贸易条件，其中出口供给曲线和进口需求曲线主要用于某一商品的局部贸易均衡分析，而提供曲线为两种商品的一般贸易均衡分析提供了便利，贸易条件概念的提出有助于分析贸易对一国或地区福利的影响；第五章的要素禀赋理论放松了对生产要素投入的限定，进一步揭示了国际贸易产生的根源；第六章将规模经济和不完全竞争等现实因素考虑进来，分析了之前的贸易理论无法解释的贸易现象；不同于之前各章主要在宏观层面进行分析，第七章新新贸易理论从微观视角分析国际贸易新现象和新特点；第八章经济增长与国际贸易将分析从静态转变为动态，从发展的角度研究经济各要素变化对国际贸易的影响。国际贸易政策部分主要介绍影响国际贸易的措施、政策，分析其影响机制和结果。共包括四章，第九章以进口关税为例分析关税对贸易双方的影响；第十章以出口补贴为例分析非关税措施对贸易双方的影响；第十一章介绍了其他主要非关税措施的相关情况；第十二章以全球区域经济一体化为切入点，阐释了人们应对关税及非关税贸易壁垒、促进世界经贸发展的举措，同时分析了其影响和各国或地区的应对。

　　本书章节安排注重逻辑的连贯性和层层递进，建议按章节顺序阅读。各章节的阐释重点不仅仅在结论上，更注重对结论的推导过程及方法的讲解，其中涉及到的与主要知识点相关的其他知识点和信息以补充阅读的形式呈现，既方便大家理解，同时又保持主线清晰，以免知识点过散而给人以逻辑混乱的错觉。为了帮助学习者更好地理解，本书采用实例分析法，且书中分析用实例尽量保持连贯一致，便于大家发掘前后章节之间的逻辑联系。本书思考题穿插在正文中，旨在引导读者及时思考，自然而然地将各知识点关联起来，形成清晰的逻辑链，最大化学习效果。另外，本书整理提供的阅读材料与正文密切相关，是对正文内容的极佳补充，且尽量选取与我国经济贸易相关的素材，增强读者的亲切感和参与感，对理解正文内容有很大帮助。最后，由于西方国家在国际贸易理论研究领域起步较早，本书所选经典国际贸易理论模型最初均为英文版本，译文即便再力求精准，也难以完全避免因译者的主观理解和自身认知局限而导致的偏误，本着"认识一个事物最好是去认识其原本的样子，而非别人认为的样子"的理念，建议大家结合本书的英文版进行阅读。

　　谨以此书献给我最爱的家人！

王静

2017 年 12 月

目　录

第一部分
国际贸易理论

第一章　世界经济贸易概述

世界经济贸易在近二十年都发生了什么？世界经济贸易有什么特点？哪些国家在参与贸易？谁和谁在进行贸易？主要贸易商品是什么？……唯有先充分了解、掌握这些事实，才有可能去分析并理解它们，进而找出经济和贸易运行的规律。本章简要介绍世界经济贸易在近二十年的发展现状以及发展特点。

第一节　世界经济贸易的现状

一、世界贸易额及贸易结构

（一）世界贸易额

世界贸易额是用货币表示的反映一定时期内世界贸易规模的指标，是一定时期内世界各国（地区）出口贸易额的总和。首先，必须把世界各国（地区）的出口额折算成同一货币后相加（本章采用国际通用货币美元）；其次，要特别注意不能简单地把世界各国（地区）的对外贸易额（即进出口总额）相加，只能是把世界各国（地区）的出口额相加。因为一个国家的出口就是另外一个国家的进口，所以如果把世界各国（地区）的进出口额相加，就会造成重复计算。那为什么不能把世界各国（地区）的进口额相加得到世界贸易额呢？这是因为大多数国家（地区）统计出口额以 FOB（Free On Board）① 价格计算，统计进口额以 CIF（Cost, Insurance and Freight）② 价格计算，CIF 价格比 FOB 价格多了运费和保险费。所以，以世界各国（地区）的出口额相加，能更确切地反映国际贸易的实际规模。

如图 1.1 所示，在过去的 20 年中，世界 GDP 整体上呈现显著上升的趋势，2015 年世界 GDP 达到 745.1 千亿美元，是 1995 年 308.41 千亿美元的约 2.42 倍。与此同时，世界贸易也得到了快速发展，以货物和服务出口额计算，2015 年世界贸易额

---

① FOB，也称"船上交货价"，是国际贸易中常用的贸易术语之一。以此术语进行的国际贸易按离岸价进行交易，买方负责派船接运货物，卖方应在合同规定的装运港和规定的期限内将货物装上买方指定的船只，并及时通知买方。货物在装运港被装上指定船时，风险即由卖方转移至买方，卖方负责在此之前产生的费用，买方负责在此之后产生的费用。

② CIF，成本加保险费加运费，是国际贸易中常用的贸易术语之一。按此术语成交，货价的构成因素中包括从装运港至约定目的地港的通常运费和约定的保险费，故卖方除具有与 FOB 术语的相同的义务外，还要为买方办理运输和货运保险，支付运费和保险费。

（213.1 千亿美元）是 1995 年（64.24 千亿美元）的约 3.32 倍，出口额最高达到 239.14 千亿美元（2014 年）。从图中不难看出世界贸易对世界 GDP 的增长起到越来越重要的促进作用。1995 年世界贸易额占世界 GDP 的比重为 22.01%，这一数值在 2015 年增长至 29.37%。特别是 2008 年，该比重高达 30.73%，这意味着将近三分之一的世界 GDP 来自国际贸易。受 2008 年世界金融危机的影响，世界贸易在 2009 年出现了大幅度下滑，之后随着经济复苏，世界贸易也得以逐渐恢复。

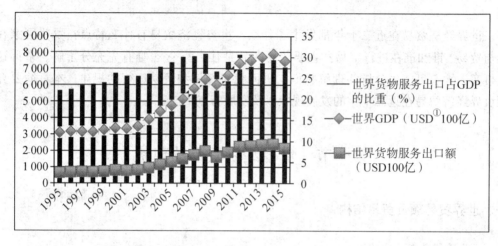

图 1.1 1995—2015 年世界 GDP、世界货物服务出口额及其在世界 GDP 中的比重
数据来源：世界银行官网，https://data.worldbank.org

（二）世界贸易结构

第一，如图 1.2 所示，世界货物贸易和服务贸易在过去的 20 年间都得到了快速发展。世界货物贸易出口额从 1995 年的 50.63 千亿美元增长到 2015 年的 163.34 千亿美元，涨幅达到 222.63%；2014 年，世界货物贸易出口额甚至高达 187.58 千亿美元。世界服务贸易出口额从 1995 年的 12.96 千亿美元增长至 2015 年的 49.11 千亿美元，涨幅高达 279.01%；2014 年，世界服务贸易出口额更是高达 51.87 千亿美元。第二，世界贸易还是以货物贸易为主导。如图 1.3 所示，货物贸易出口额在世界出口总额中的比重一直保持在 75% 以上，在 2008 年还达到了 80.5%。第三，高科技产品贸易表现出较好的增长势头。1999 年，世界高科技产品出口额为 9.87 千亿美元，到了 2014 年，这一数值增长到 21.51 千亿美元，增长了 117.92%（如图 1.2 所示）。但是，高科技产品出口在世界出口总额中的比重却有所下滑，从 1999 年的 13.84% 下降到 2014 年的 8.99%（如图 1.3 所示）。[②]第四，世界贸易受世界经济情况的影响很大，比如，2008 年的世界经济金融危机，对货物贸易、服务贸易、高科技产品贸易都有明显的抑制，2009 年三者的出口贸易额都明显下降了。

---

① USD 即美元。

② 世界银行未提供 1995—1998 年以及 2015 年的高科技产品出口数据，为了保持数据可比性，本章未从其他渠道收集该省数据。

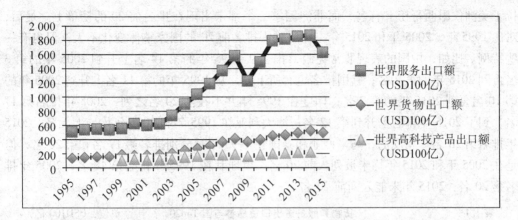

图 1.2　1995—2015 年世界货物贸易、服务贸易及高科技产品贸易出口额

数据来源：世界银行官网，https：//data. worldbank. org

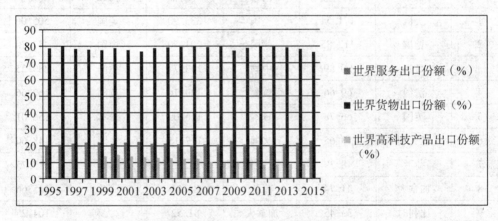

图 1.3　1995—2015 年世界货物贸易、服务贸易及高科技产品贸易出口占世界 GDP 比重

数据来源：世界银行官网，https：//data. worldbank. org

二、主要贸易国家

为了更详细地展示各国（地区）在世界贸易中的参与情况，本章分别分析了货物和服务进出口贸易的主要参与国家（如表 1.1 所示）、货物和服务进口贸易主要参与国家（如表 1.2 所示）及货物和服务出口贸易主要参与国家（如表 1.3 所示）。

（一）货物和服务进出口贸易主要参与国

表 1.1 比较了货物和服务进出口贸易中排名前 20 的参与国在 1995 年、2005 年和 2015 年三年的变化情况。首先，排名靠前的基本上都是经济比较发达的国家，如美国、德国、英国、日本、法国、意大利、加拿大、韩国等。在前 20 名的国家中，仅中国、新加坡、印度、墨西哥、俄罗斯、马来西亚、泰国 7 国属于发展中国家，且排名相对靠后。[①] 其次，欧美国家普遍排名靠前，亚洲国家排名相对靠后（中国、日本除外），

———————

① 1996 年 1 月，OECD（经合组织）将新加坡划为"较发达的发展中国家"。

拉丁美洲仅墨西哥榜上有名，而非洲国家一个都未出现在排名前 20 的榜单上。最后，对比 1995 年、2005 年和 2015 年三年，列入排名前 20 的国家整体变化不大，但也有一些特例。比如，中国的表现非常亮眼，排名从 1995 年的第 14 名上升到 2005 年的第 3 名再到 2015 年的第 2 名；韩国排名也有所上升，从 1995 年的第 11 名上升到 2005 年的第 10 名再到 2015 年的第 7 名；印度在 1995 年并不在前 20 名之列，2005 年排名第 17 名，到了 2015 年排名上升到第 12 名；澳大利亚在 1995 年和 2005 年均榜上无名，2015 年排名第 20 名。相反的，马来西亚和泰国在 1995 年时分别排名第 17 名和第 20 名，但是在 2005 年和 2015 年均未被列入前 20 名；奥地利在 1995 年排名第 18 名，2005 年排名第 20 名，2015 年未能入列前 20 名。

表 1.1　　　　　　　　　　货物和服务进出口贸易参与国 Top20　　　　　（单位：USD100 亿）

排名	1995 年		2005 年		2015 年	
	国家	贸易额	国家	贸易额	国家	贸易额
1	美国	171.54	美国	333.90	美国	505.06
2	德国	112.85	德国	201.50	中国	447.70
3	日本	90.89	中国	143.77	德国	289.25
4	法国	69.66	英国	130.76	英国	162.66
5	英国	66.78	日本	126.09	日本	156.01
6	意大利	53.65	法国	117.13	法国	148.60
7	荷兰	48.39	意大利	91.55	韩国	115.75
8	加拿大	41.74	荷兰	84.51	荷兰	115.66
9	比利时	33.45	加拿大	81.52	意大利	104.25
10	新加坡	30.39	韩国	63.93	加拿大	101.78
11	韩国	29.36	西班牙	62.88	新加坡	97.94
12	西班牙	27.48	比利时	55.54	印度	89.11
13	瑞士	26.42	新加坡	53.85	墨西哥	83.14
14	中国	25.53	墨西哥	47.28	瑞士	76.53
15	俄罗斯	21.83	俄罗斯	43.33	西班牙	76.24
16	瑞典	18.39	瑞士	41.00	比利时	74.72
17	马来西亚	17.04	印度	34.37	阿联酋	70.31
18	奥地利	16.45	瑞典	32.90	俄罗斯	67.30
19	墨西哥	15.85	爱尔兰	31.38	爱尔兰	61.35
20	泰国	15.19	奥地利	29.63	澳大利亚	54.91
	世界	1 271.39	世界	2 564.65	世界	4 214.46

数据来源：世界银行官网，https：//data.worldbank.org

注：为了与各国贸易额匹配，此表中世界贸易额为世界进口额与世界出口额之和。

（二）货物和服务进口贸易、出口贸易主要参与国

　　表 1.2 和表 1.3 分别展示了货物和服务进口贸易和出口贸易在 1995 年、2005 年和 2015 年三年排名前 20 的参与国。对比表 1.1、表 1.2 和表 1.3，我们发现排名基本上是一致的，无论是在出口贸易还是在进口贸易中，美国、德国、英国、日本、法国等国家排名都比较靠前。也有一些值得注意的特殊情况，有些国家虽然在出口市场上排名不高，但是在进口市场上却比较活跃，如澳大利亚 1995 年、2005 年和 2015 年三年都没有被列入出口贸易前 20 名，但是其在进口贸易中在 1995 年和 2005 年均排名第 20 名，2015 年更是提升至第 18 名。也有些国家在出口贸易中比进口贸易中表现更加活跃，比如，中国 1995 年、2005 年和 2015 年在进口贸易中的排名分别为第 14、第 4 和第 2，在出口贸易中的排名分别为第 13、第 2 和第 1。

表 1.2　　　　　　　　　　货物和服务进口贸易参与国 Top20　　　　（单位：USD100 亿）

排名	1995 年		2005 年		2015 年	
	国家	进口额	国家	进口额	国家	进口额
1	美国	90.26	美国	203.01	美国	278.63
2	德国	55.82	德国	93.51	中国	204.58
3	日本	42.00	英国	68.70	德国	131.90
4	法国	33.59	中国	64.87	英国	83.61
5	英国	33.20	日本	59.46	日本	78.72
6	意大利	24.67	法国	59.02	法国	75.97
7	荷兰	22.67	意大利	45.88	荷兰	53.79
8	加拿大	19.93	荷兰	39.31	韩国	53.06
9	比利时	16.22	加拿大	38.49	加拿大	52.75
10	韩国	14.93	西班牙	34.33	意大利	49.47
11	新加坡	14.46	韩国	30.87	印度	47.00
12	西班牙	14.04	比利时	27.06	新加坡	45.12
13	瑞士	12.48	新加坡	25.03	墨西哥	42.70
14	中国	11.99	墨西哥	24.27	比利时	36.98
15	俄罗斯	10.24	瑞士	19.02	西班牙	36.66
16	马来西亚	8.70	印度	18.33	阿联酋	34.37
17	奥地利	8.36	俄罗斯	16.43	瑞士	34.34
18	瑞典	8.35	瑞典	15.06	澳大利亚	28.43
19	泰国	8.16	爱尔兰	14.54	俄罗斯	28.14
20	澳大利亚	7.30	澳大利亚	14.41	爱尔兰	26.17
	世界	628.94	世界	1 273.25	世界	2 083.48

　　数据来源：世界银行官网，https://data.worldbank.org

表1.3　　　　　　　　　　货物和服务出口贸易参与国Top20　　　　（单位：USD100亿）

排名	1995 年		2005 年		2015 年	
	国家	出口额	国家	出口额	国家	出口额
1	美国	81.28	美国	130.89	中国	243.13
2	德国	57.03	中国	78.89	美国	226.43
3	日本	48.89	日本	66.63	德国	157.35
4	法国	36.07	英国	62.06	英国	79.05
5	英国	33.58	法国	58.11	日本	77.30
6	意大利	28.98	意大利	45.67	法国	72.64
7	荷兰	25.72	荷兰	45.20	韩国	62.69
8	加拿大	21.81	加拿大	43.03	荷兰	61.87
9	比利时	17.23	韩国	33.06	意大利	54.78
10	新加坡	15.93	新加坡	28.83	新加坡	52.82
11	韩国	14.42	西班牙	28.55	加拿大	49.04
12	瑞士	13.94	比利时	28.48	瑞士	42.19
13	中国	13.54	俄罗斯	26.90	印度	42.12
14	西班牙	13.44	墨西哥	23.02	墨西哥	40.44
15	俄罗斯	11.58	瑞士	21.98	西班牙	39.58
16	瑞典	10.03	瑞典	17.85	俄罗斯	39.16
17	墨西哥	8.65	爱尔兰	16.84	比利时	37.74
18	马来西亚	8.35	马来西亚	16.20	阿联酋	35.94
19	奥地利	8.08	印度	16.04	爱尔兰	35.18
20	泰国	7.03	奥地利	15.30	泰国	27.58
	世界	642.44	世界	1 291.40	世界	2 130.98

数据来源：世界银行官网，https：//data. worldbank. org

三、中、美对外贸易情况

美国一直是贸易大国、贸易强国，而中国在世界贸易中也扮演着越来越重要的角色。2015年，中国的进出口总额排名世界第二（如表1.1所示）、进口总额排名世界第二（如表1.2所示），出口总额排名世界第一（如表1.3所示）。本部分内容将详细分析中、美两国的贸易情况。

（一）中国对外贸易情况

1. 中国货物和服务贸易进出口总额

从图1.4中可以看出，1995—2015年的20年间，中国货物和服务进出口额增长很快，2015 年进出口总额为 44.77 千亿美元，是 1995 年 2.55 千亿美元的 17.53 倍，涨幅高达 1 653.48%。2014 年中国的进出口总额更是高达 47.85 千亿美元。

对外贸易在中国经济增长中扮演的角色非常重要。1995 年，进出口贸易在中国 GDP 中的比重就已经达到了 34.76%，高于当年世界平均水平的 22.01%；2006 年，进出口贸易贡献了中国 65.62% 的 GDP；2007 年和 2008 年两年，虽然进出口总额还在增长，但其在 GDP 中的比重却下降了；受世界经济金融危机的影响，2009 年中国进出口额及其在 GDP 中的比重均有所下降，即便如此，当年进出口在 GDP 中份额仍然达到了 44.51%；2010 年和 2011 年两年，中国进出口额及其在 GDP 中的比重均有所提升；2012—2014 年，虽然进出口总额在提升，但其在 GDP 中的份额却在下降；2015 年，随着进出口总额降低，其在 GDP 中的份额也从 2014 年的 45.65% 降至 40.46%。

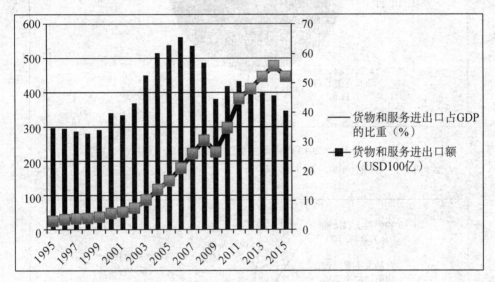

图 1.4　1995—2015 年中国货物服务进出口额及其占中国 GDP 的比重
数据来源：世界银行官网，https://data.worldbank.org

2. 中国主要进、出口商品构成

以 2015 年为例，据中国国家统计局统计数据显示，中国初级产品和工业制成品进口在中国进口总额中的比重分别为 28.11% 和 71.89%。具体来讲，中国主要进口商品有：机械及运输设备、非食用原料、矿物燃料、润滑油及有关原料、化学品及有关产品、杂项制品等，其在中国 2015 年进口总额中的份额分别为 40.63%、12.49%、11.82%、10.2% 和 8.02%（如图 1.5 所示）。

中国国家统计局统计数据表明，中国初级产品和工业制成品出口在中国出口总额中的比重分别为 4.57% 和 95.43%。具体来讲，中国主要出口商品有：机械及运输设备、杂项制品、轻纺产品、橡胶制品、矿冶产品及其制品、化学品及有关产品以及食品及主要供食用的活动物等，其在中国出口总额中的比重分别为 46.59%、25.84%、17.2%、5.7% 和 2.56%（如图 1.6 所示）。

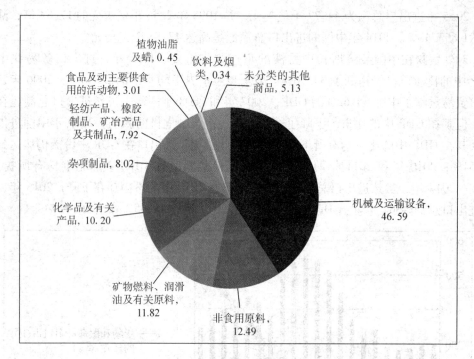

图 1.5 2015 年中国主要进口商品构成（%）

数据来源：中国统计年鉴（2016 年）

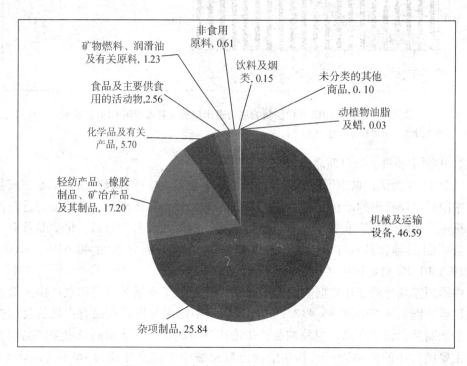

图 1.6 2015 年中国主要出口商品构成（%）

数据来源：中国统计年鉴（2016 年）

3. 中国主要进、出口贸易伙伴国

以 2015 年为例，中国国家统计局统计数据表明，中国 56.82% 的进口商品来自亚洲国家，其次是欧洲（17.45%）、北美洲（10.37%）、拉丁美洲（6.18%）、大洋洲及太平洋群岛（4.93%）和非洲（4.18%）。图 1.7 展示了 2015 年中国进口来源地前 15 名的国家，其共占中国进口总额的 58.29%。具体来讲中国的主要进口来源地有：韩国、美国、日本、德国、澳大利亚及马来西亚，从这些国家进口的进口额占中国进口总额的比重分别为 10.39%、8.8%、8.51%、5.22%、4.38% 和 3.17%（如图 1.7 所示）。

中国国家统计局统计数据表明，2015 年中国对亚洲国家的出口额占其出口总额的 50.15%，接着依次是北美洲（19.31%）、欧洲（17.74%）、拉丁美洲（5.81%）、非洲（4.77%）和大洋洲及太平洋群岛（2.22%）。图 1.8 展示了 2015 年中国出口目的地排名前 15 的国家，其共占中国出口总额的 54.5%。具体来讲，中国的主要出口目的地有：美国、日本、韩国、德国、越南及英国，其占中国出口总额的比重分别为 18%、5.97%、4.46%、3.04%、2.9% 和 2.62%（如图 1.8 所示）。

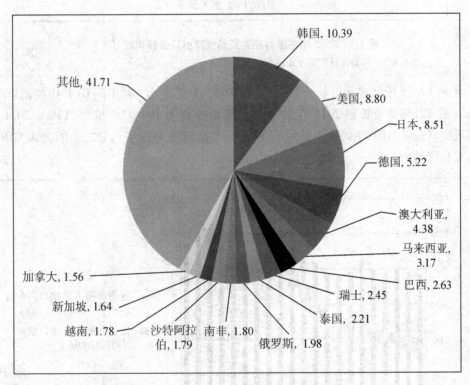

图 1.7 2015 年中国自主要贸易伙伴进口份额构成（%）
数据来源：中国统计年鉴（2016 年）

（二）美国对外贸易情况

1. 美国货物和服务贸易进出口总额

如图 1.9 所示，美国的进出口总额在 1995—2015 年的 20 年间有显著增长，由

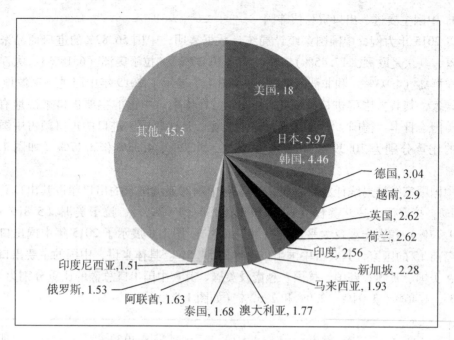

图 1.8　2015 年中国对主要贸易伙伴出口份额构成（%）

数据来源：中国统计年鉴（2016 年）

1995 年的 17.15 千亿美元增长到 2015 年的 50.51 千亿美元，在美国 GDP 中的比重也从 1995 年的 22.38% 增长到 2015 年的 28%，涨幅分别为 194.43% 和 25.11%。2011 年，美国进出口在其 GDP 中的比重达到了 30.89%，意味着差不多三分之一的美国 GDP 是由其贸易带动的。

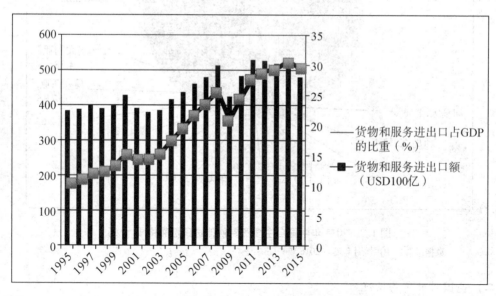

图 1.9　1995—2015 年美国货物服务进出口额及其占美国 GDP 的比重

数据来源：世界银行官网，https://data.worldbank.org

2. 美国主要进、出口商品构成

以 2015 年为例，美国主要进口商品为机电产品、运输设备、矿产品、化工产品和贱金属及制品，其在美国总进口额中所占的份额分别为 29%、14.3%、8.8%、8.6% 和 5.2%，合计占美国进口总额的 65.9%（如图 1.10 所示）。美国主要出口商品为机电产品、运输设备、化工产品、矿产品和光学、钟表、医疗设备，在美国总出口额中所占的份额分别为 25%、17.6%、10.8%、7.7% 和 5.7%，合计占美国出口总额的 66.8%（如图 1.11 所示）。

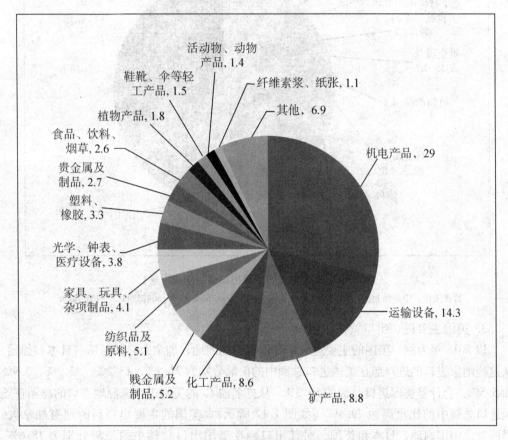

图 1.10　2015 年美国主要进口商品构成（%）

数据来源：中商情报网，http://www.askci.com/news/finance/20160421/1115407067.shtml

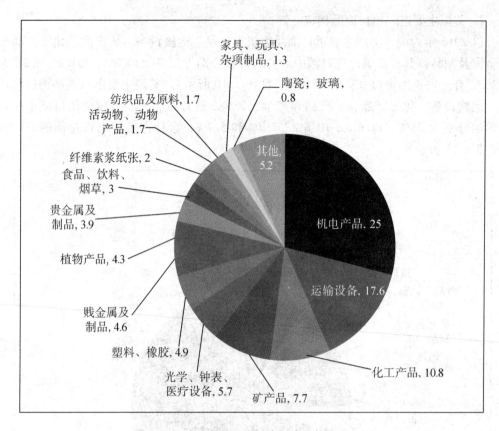

图 1.11 2015 年美国主要出口商品构成（%）

数据来源：中商情报网，http://www.askci.com/news/finance/20160421/116275436.shtml

3. 美国主要进、出口贸易伙伴

以 2015 年为例，美国的主要进口来源地有中国内地、加拿大、墨西哥、日本和德国，从这些国家进口的进口额在美国进口总额中的份额分别为 21.5%、13.2%、13.2%、5.9% 和 5.5%，合计是美国进口总额的 59.3%。从排名前 15 的美国进口来源地进口的总额在美国进口总额中的比重高达 79.4%（如图 1.12 所示）。美国的主要出口目的地有加拿大、墨西哥、中国内地、日本和英国，对其出口额在美国出口总额中的份额分别为 18.6%、15.7%、7.7%、4.2% 和 3.8%，合计是美国出口总额的 50%。向排名前 15 的美国出口目的地的出口总额在美国出口总额中的比重高达 73.1%（如图 1.13 所示）。

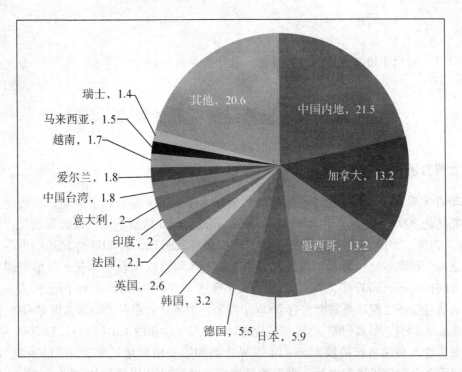

图 1.12 2015 年美国自主要贸易伙伴进口份额构成（%）

数据来源：中商情报网，http://www.askci.com/news/finance/20160421/1058481077.shtml

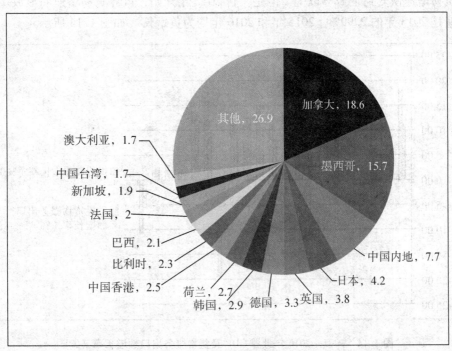

图 1.13 2015 年美国对主要贸易伙伴出口份额构成（%）

数据来源：中商情报网，http://www.askci.com/news/finance/20160421/1049439010.shtml

思考：

[1.1] 对比中国与美国的对外贸易，有什么异同？

第二节　世界经济贸易的特点

一、世界经济贸易增速放缓

2008 年爆发了世界性经济金融危机，全球大多数国家都受到了影响，经济增速放缓。尤其是 2009 年，世界 GDP 增速从 2008 年的 9.68% 急剧下跌，以致负增长，增长率为 -5.21%。2010 年和 2011 年经济增长势头虽有所回升，但 2011 年之后的世界经济增长乏力，最高增速仅为 2.84%（2013 年），2015 年再次出现负增长，与危机爆发之前不可同日而语，2007 年世界 GDP 的增长率高达 12.64%（如图 1.14 所示）。

贸易与经济之间联系紧密，自 2000 年以来，世界货物服务出口额占世界 GDP 的比重从未低于 25%，最高时是 2008 年，比重达 30.73%（如图 1.1 所示）。自 2002 年起，世界贸易进入高速增长阶段，2004 年世界货物和服务出口增长率高达 21.36%。2008 年世界经济金融危机爆发之后，世界贸易增速放缓，2009 年增速从 2008 年的 13.84% 骤减至 -19.43%。与世界 GDP 增长率呈现的趋势类似，2010 年和 2011 年两年，世界出口贸易增速恢复到了 18% 以上。但是，自 2012 年开始，世界贸易增速明显放缓，最高增速是 2013 年的 2.99%，2015 年和 2016 年均为负增长（如图 1.14 所示）。

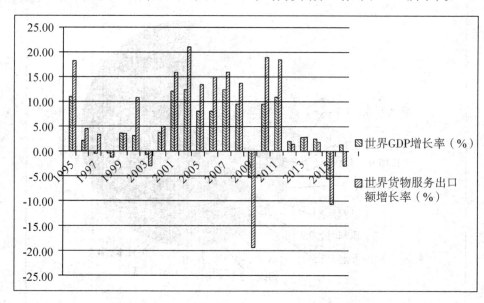

图 1.14　1995—2016 年世界 GDP 及货物服务出口额增长率（%）

数据来源：世界银行官网，https://data.worldbank.org

二、贸易参与国家分化明显

图 1.15 展示了 2015 年货物和服务进出口额排名前 10 国家的 GDP 增长率以及进出口额增长率。分析得知，首先，这些国家中 GDP 增长率最高的是中国（6.9%），最低的是意大利（0.78%），前者约是后者的 8.81 倍；其次，这些国家中进出口额增长率均为负值，负增长率最低的国家是荷兰（−14.78%），最高的国家是美国（−3.93%），前者是后者的 3.72 倍。

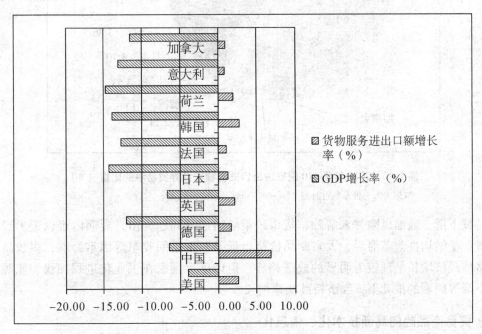

图 1.15　2015 年 Top10 国家 GDP 增长率及其进出口贸易额增长率（%）
数据来源：世界银行官网，https://data.worldbank.org

图 1.16 展示了 2015 年货物和服务进出口额排名前 10 国家的进出口额在世界中的比重。分析得知，排名前 10 的国家占世界 200 多个国家（地区）进出口总额的 50.94%。而且，这 10 个国家之间的差异也很明显，仅美国和中国两个国家就占了世界进出口总额的 22.61%，而排名靠后的韩国、荷兰、意大利、加拿大的占比均不超过 3%，更不用说其他排名不在前 10 位的大多数国家了。

中国国家商务部发表的《2016 年中国对外贸易发展环境分析》指出，世界经济增长低迷且分化加剧。2016 年，全球经济低速增长局面未出现明显改善，不同国家之间经济复苏进程的差异性进一步显现。发达国家经济出现回暖迹象，特别是美国经济复苏总体稳定，房地产市场稳步回升，制造业恢复扩张，劳动力市场不断改善，居民消费能力与预期提高，技术进步和商业模式创新热点纷呈，但经济增长水平仍低于危机前水平，企业投资波动性较大。欧元区经济在石油价格低迷、欧元贬值以及量化宽松政策的刺激下，经济增长有所加快，但需求不足问题依然突出，且"难民潮"加剧成员国内部的政治纷争和成员国之间的离心倾向，增加了经济政策的不确定性。日本经

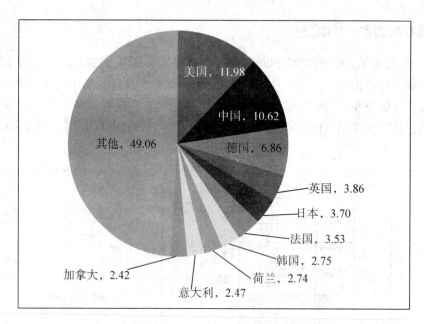

图 1.16　2015 年 Top10 国家进出口贸易额在世界贸易中的比重（%）

数据来源：世界银行官网，https：//data. worldbank. org

济持续下滑，通缩风险并未解除，货币政策效力递减问题突出，短期内难以走出经济困境。受结构性改革滞后、大宗商品价格走低及政策空间收窄等因素影响，多数新兴经济体经济增长呈现较为明显的放缓趋势，但印度等国家在工业化进程加快、能源价格下降等因素的推动下，经济持续快速增长。

三、贸易商品趋向高新技术化、信息化

货物贸易仍是世界贸易的主体（如图 1.3 所示），且货物贸易的商品结构逐渐高级化。全球商品贸易中最具活力的是工业制成品贸易，WTO 统计数据表明，2014 年制成品占商品出口的 66.2%，增速为 4%，而农产品占比仅为 9.5%，且增速为 2%，较制成品低。另外，技术因素在国际货物贸易中的作用日益突出。电子产业、海洋及微生物技术、太空航天技术、环境保护技术、新材料技术等高技术产业及高技术含量的产品在国际货物贸易中的比重直线上升。2014 年办公和电信设备、自动化产品及化学物质占全球商品出口总额的 28.3%。

近年来，世界服务贸易增速逐渐超越了货物贸易。如图 1.17 所示，在 2012 年之前，货物贸易的增长率普遍高于服物贸易的增长率，尤其是 2010 年，货物贸易和服务贸易的增长率分别为 21.87% 和 7.77%，相差 14.1 个百分点。然而，这一局面在 2012 年得到了反转。2012—2014 年，世界服务贸易增长率分别为 2.51%、6.5% 和 6.25%，而世界货物贸易的增长率分别为 1.34%、2.25% 和 0.65%；2015 年服务贸易和货物贸易均为负增长，但服务贸易的减速（-5.33%）低于货物贸易（-12.92%）；2016 年服务贸易恢复正增长（0.46%），货物贸易仍为负增长但减速放缓（-3.03%）。另外，计算机服务出口在服务出口中非常活跃，从 1995 年到 2014 年，世界计算机和信息服务的

出口增速为平均每年 18%，快于其他服务部门。由于技术进步的迅速发展和对移动电话服务和互联网服务的不断增长的需求，通信服务（尤其是电信业）出口自 2000 年以来增长显著，2014 年世界通信服务出口额约为 1.15 千亿美元。

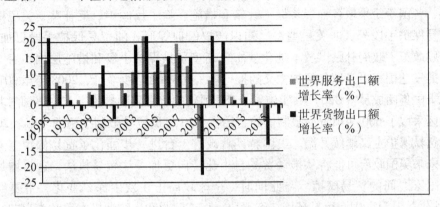

图 1.17 1995—2016 年世界货物及服务出口额增长率（%）

数据来源：世界银行官网，https://data.worldbank.org

四、全球价值链进入重构，跨境电子商务发展迅速

在主要经济体进行结构调整的背景下，以全球价值链为代表的国际产业分工体系正在进入新的调整期。原有的全球贸易循环发生了变化，从消费国到生产国再到资源国的核心链条被打破，产业内分工和产业内贸易的发展形成了新的全球价值链分工体系。越来越多的跨国公司为了降低成本，采取了缩短全球供应链的方式，将部分离岸生产产品转向近岸或者在岸生产，并在全球范围内重新布局产业链，最大限度地细分各生产环节。

美欧等发达国家实施"再工业化战略"，希望通过技术创新以振兴国内实体经济、提高劳动生产率，从而扩大高端制造业的竞争优势。印度、巴西等新兴经济体在全球价值链中的作用进一步增强，开始进行相应的产业结构调整，实行新兴工业化和新兴产业发展战略，加快从劳动和资源密集型产业向资本和技术密集型产业转型，推动产业结构"高级化"。未来，新兴经济体与发达国家产业结构趋同和技术差距不断缩小的趋势将会进一步加强，全球供应链扩张速度会进一步放缓，传统的国际产业分工体系刺激贸易增长的作用也会继续减弱，全球产业结构性变化将致使全球贸易增速难以恢复至金融危机前的水平。

随着互联网、物联网、大数据、云计算、人工智能等新一代信息技术的快速发展和日益普及，电子商务推动跨境贸易在全球范围内迅速发展，导致国际贸易方式发生变化，同时也为促进全球贸易增长发挥了积极作用。据联合国贸易和发展会议公布的统计数据显示，全球电子商务市场规模从 2013 年的 18 万亿美元增加到 2015 年的 25 万亿美元，约占全球贸易总额的 30%～40%，并呈现不断加速发展的趋势。

五、贸易保护主义升温

当前世界经济增速放缓，市场需求回升乏力，全球范围内的贸易保护主义倾向日益增强，各国纷纷采取各种贸易保护政策和措施。除了反倾销、反补贴、关税壁垒等传统贸易保护手段外，非关税壁垒、知识产权保护等形式的贸易保护手段更加频繁，出口鼓励政策、政府补贴以及本地化要求等新型贸易保护手段和措施层出不穷，以美国为首的发达国家更是贸易保护主义的推行者。据 WTO 数据统计，2008 年至 2016 年 5月，二十国集团成员（G20）共实施了 1 583 项新的贸易限制措施，其中美国对其他国家和地区采取了 600 多项贸易限制措施，约占 G20 成员贸易限制措施的 40%。2016 年以来，贸易保护主义继续升温。美国特朗普政府上台进一步强化了贸易保护主义升级势头，未来美国政府可能将从推动贸易自由化转向更加关注贸易执法，这将增加美国与其他国家之间的贸易摩擦。与此同时，全球政局正在发生深刻变化，主要经济体"逆全球化"升温，国际贸易环境持续恶化，而英国脱欧、欧洲极右翼政党兴起、美国就北美自由贸易区（NAFTA）进行重新谈判等经济政策事件均表明了发达经济体支持开放型经济的力量在逐渐减弱。

六、发展中国家和中等收入国家越来越活跃

随着全球价值链重构以及各国产业结构调整，发展中国家和中等收入国家在世界贸易中的表现越来越活跃。从表 1.1～表 1.3 中的数据可以看出，以中国和印度为代表的发展中国家在世界进出口贸易中扮演着越来越重要的角色。中国进出口总额占世界进出口总额的比重从 2005 年的 5.61% 上升为 2015 年的 10.62%，印度进出口总额占世界进出口总额的比重也从 2005 年的 1.34% 上升为 2015 年 2.11%。

同时，我们发现中等收入国家和中高收入水平国家在世界贸易中比重呈平稳上升趋势，且中等收入国家的比重要高于中高收入水平国家，而高收入国家在世界贸易中的份额却在下降，尽管其世界贸易主力军的地位仍不可动摇。如图 1.18 所示，1995年，高收入、中等收入以及中高收入国家进出口总额在世界进出口总额中的比重分别为 82.12%、17.44% 和 13.05%；2015 年高收入、中等收入以及中高收入国家进出口总额在世界进出口总额中的比重分别为 68.81%、30.64% 和 22.62%。对比可得，高收入国家在世界贸易中的份额下降了 16.21%，中等收入国家和中高收入国家分别增长了75.64% 和 79.79%。另外，虽然中低收入水平国家和低收入水平国家在世界贸易中的份额比较小，但是它们的增长速度却不容小觑。中低收入国家进出口总额 1995 年和 2015年在世界进出口总额中的比重分别为 4.39% 和 7.19%，涨幅高达 63.63%；低收入国家进出口总额 1995 年和 2015 年在世界进出口总额中的比重分别为 0.41% 和 0.55%，涨幅为 35.71%（如图 1.18 所示）。

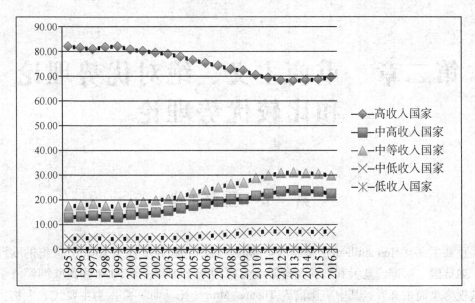

图 1.18 1995—2016 年不同收入类型国家货物服务进出口额占世界进出口总额比重（%）

数据来源：世界银行官网，https：//data.worldbank.org

思考：

[1.2] 是什么决定了哪些国家参与国际贸易？一国选择贸易伙伴的依据是什么？

[1.3] 是什么决定了一个国家的出口商品和进口商品？是什么决定了一个国家的出口量和进口量？是什么决定了一个国家的交易条件？

第二章　重商主义、绝对优势理论和比较优势理论

第一节　重商主义

重商主义（Mercantilism）是经济思潮的一种，兴起并流行于 15—18 世纪的欧洲各国，如英国、法国、意大利、荷兰等。大多数活跃于 1500—1750 年间的欧洲经济学家均被视为重商主义者，其中英国商人 Thomas Mun（托马斯·孟）为主要代表人物。本节主要介绍重商主义的主要思想、主要政策主张及其局限性。

一、重商主义的主要思想

重商主义也可被称为唯金银主义。简单来讲，重商主义支持者将金银等贵重金属视为唯一的财富代表。重商主义者认为拥有更多的黄金和白银是经济繁荣的表现。伊丽莎白时代的特征之一就是发展海军及商业船队，努力开拓殖民地，用以抵抗西班牙在贸易上的压制，同时促进国内金银的积累。

重商主义者将贸易视为"零和游戏"，即贸易一方的所得是以另一方的所失为代价的。《论英国本土的公共福利》（1549 年）一书中写道："我们要提防不要从陌生人那里买入多过我们向他们的卖出，因为那会使他们变得富有而我们变得贫穷。"因此，重商主义者认为任何使得一方受益的贸易政策均会导致另一方的损失。

二、重商主义的主要政策主张

重商主义的思想对其政策主张有深刻的影响。重商主义所主张的经济政策的目标在于通过正的贸易余额（尤其是最终产品贸易）来增加货币贮备，所以高税收（尤其是在制造品上）几乎是重商主义政策的普遍特征。概括来讲，重商主义的主要政策主张有：

1. 禁止黄金和白银的输出，即便是作为支付方式的输出也不支持；
2. 高额进口关税，尤其是对制造品征收高额进口关税；
3. 出口补贴；
4. 通过研发或者直接补贴等方式鼓励制造业和工业发展；
5. 最大化利用本国资源；
6. 非关税壁垒；
7. 垄断主要港口的市场等。

可以看出，重商主义者支持政府干预经济，基本奉行鼓励出口、抑制进口的政策主张。

三、重商主义的局限性

重商主义认为贸易是一场"零和游戏"，这一思想与现实是不符的。大量的实践经验告诉我们贸易双方是可以实现互利双赢的。另外，重商主义将金银等贵金属视为唯一财富的观点是欠妥的，金银的特性决定了其可以很好地充当一般等价物，但一国的福利水平绝不仅仅取决于其所拥有的金银的数量。从某种程度上讲，重商主义的这一思想助长了殖民扩张行为。西班牙和英国先后被称为"日不落帝国"，就是因为其殖民地数量众多，遍布范围广，太阳无论何时都会照在其领土上。最后，重商主义主张政府干预贸易，这在一定程度上抑制了贸易的发展。

18 世纪晚期，学者们不断发现重商主义思想的弊端，掀起了反对重商主义的思潮，犹以 Adam Smith（亚当·斯密）为代表。重商主义在欧洲尤其是英国逐渐没落。19 世纪中叶，大英帝国推行了自由贸易并利用其世界金融中心的地位将其推广至其他国家。绝对优势理论和比较优势理论等一系列解释自由贸易的理论逐渐替代了重商主义思想。

阅读 2.1

Thomas Mun（托马斯·孟），1571—1641 年，被认为是晚期重商主义的杰出代表人物，也是重商主义学派理论的集大成者。他是一个长期从事对外贸易的大商人，1615 年到东印度公司工作，并成为该公司的董事，同时他还是英国政府贸易委员会的委员。1621 年他发表了 A Discourse of Trade from England Unto the East Indies（《论英国与东印度公司的贸易》），1630 年他对这本书进行了修改，并将书名改为 England's Treasure by Foreign Trade（《英国得自对外贸易的财富》），1664 年正式出版。

其经济思想可以归纳为以下几个方面：（1）货币是财富的唯一源泉，货币来自于对外贸易。（2）对外贸易可以为一个国家带来各种利益。（3）贸易差额理论。追求多出口，少进口或不进口，以便通过外贸顺差来获利。（4）赋税会使国家受益。（5）人力资本理论。Mun 是较早接触并重视人力资本的思想家，他将财富分为自然财富和人为财富，他更重视人为财富。他在《英国得自对外贸易的财富》一书中，对当时作为人力资本突出代表的商人进行了系统论述。他认为商人是商业活动的主体，商人自身所具有的品质对一个国家对外贸易的发展和财富的积累至关重要。（6）国家要加强对经济生活的干预。

Mun 经济思想的先进性体现在：（1）Mun 为商业资本主义的发展奠定了坚实的理论基础，他关注商品本身的研究，探求了商品和货币之间的关系，尽管这种认识还不成熟，还有缺陷，但这种探究本身就是具有重要价值的，它为英国古典政治经济学的出现做了铺垫，为英国古典政治经济学的研究由流通领域向生产领域转移提供了一定的理论前提。（2）Mun 认为，财富不是表现为使用价值，而是表现为交换价值，将交换价值引入到经济分析中，逐渐接近了对价值的分析，这不能不说是重商主义者对商品流通认识上的一个飞跃。（3）Mun 是贸易差额论的创立者，他提出了一系列保持外贸顺差的措施和手段，这些措施和手段被国际贸易实践证明是有一定成效的，有些措施和手段目前仍然被许多国家所采用，成为国际贸易中的惯例。

Mun 经济思想的局限性体现在：（1）他对资本主义生产方式的分析非常片面。他所考察的对象只限于流通过程及其独立化为商业资本运动时的表面现象，没有全面考察资本主义的生产过程、分配过程、交换过程和消费过程，特别是缺乏对生产过程的考察。（2）Mun 把国际贸易看作是一种零和博弈的观点显然是错误的。（3）重商主义将货币与真实财富等同起来的观点也是不正确的。

资料来源：王展鹏. 论托马斯·孟的经济思想 [J]. 经济视角（上），2013（1）：9-12.

第二节　绝对优势理论

绝对优势论（Theory of Absolute Advantage）的主要思想来自 Adam Smith（亚当·斯密）于 1776 年出版的《国民财富性质和原因的研究》。斯密在书中反驳了重商主义的一些想法，他认为在重商主义指导下，所有的国家不可能同时获益，因为一国的出口是另一国的进口。斯密不同意这个观点，相反的，斯密认为如果推行自由贸易并且按照各自的绝对优势进行专业化生产，那么所有的国家是能够同时获益的。本节将对这一理论的基本假设条件、主要内容、主要结论以及不足之处等相关信息进行介绍。

一、基本假设

在经济学学习过程中，会遇到很多理论和模型，关于这些理论和模型的学习，大家习惯于把主要关注点放在过程和结论上，其实模型的基本假设条件也是非常重要的。经济学研究的主要目标是通过研究已经发生的事实，发现事实背后潜藏的规律性信息，用以指导未来的实践。但是，真实的世界是非常错综繁杂的，事物之间在同一时刻展现出形态各异的联系，这给研究工作带来很大的困难。模型的假设条件为该模型营造了一个"理想国"，将错综繁杂的真实世界理想化、简单化，摒除非关键的干扰因素，从而发现并总结出经济运行的规律，进而反过来指导经济的运行。可以这么说，经济学里几乎每一个模型都仅"存活"于自己的"理想国"，并非放之四海而皆准的万能模型。甚至可以说模型的结论就隐含在其假设条件中。

绝对优势理论的基本假设条件包括：

（1）两个国家（本国和外国），两种商品（布和酒），一种投入要素（劳动）；

（2）两个国家生产的技术水平不同，且不考虑技术进步；

（3）两个国家的劳动力总量一定，劳动可以在国内不同商品间自由流动，但不可在国际流动；

（4）每种商品在各国的劳动生产效率是固定的，不同国家生产同一商品的劳动生产效率可以不同；

（5）所有市场均为完全竞争市场；

（6）完全就业；

（7）生产是规模报酬不变的；

（8）不考虑运输及其他贸易相关费用。

二、绝对优势

一个国家在生产某种商品时需要的劳动力投入比别的国家在同一商品的生产上需要的劳动力投入少，那么这个国家在生产此商品上具有绝对优势。反之，一个国家在生产某种商品时需要的劳动力投入比别的国家在同一商品的生产上需要的劳动力投入多，那么这个国家在生产此商品上具有绝对劣势。

如表 2.1 所示，本国需要 80 劳动时生产 1 单位布，而外国需要 120 单位劳动时，生产同样 1 单位布本国比外国需要的劳动时投入少，所以本国在布的生产上具有绝对优势；同样的，外国需要 90 劳动时生产 1 单位酒，少于本国的 100 劳动时，所以外国在酒的生产上具有绝对优势。

表 2.1　　　　　　　　　　本国/外国生产 1 单位布/酒所需劳动时

	布	酒
本国	80	100
外国	120	90

如果表中数字的意义改变，则结果也会不同。如表 2.2 所示，本国 1 劳动时可以生产 80 单位布，而外国 1 劳动时可以生产 120 单位布，换而言之，生产 1 单位布外国所需的劳动时（1/120）比本国的（1/80）少，所以外国在布的生产上具有绝对优势；同样的，用 1 劳动时本国和外国分别可以生产 100 单位和 90 单位酒，即生产 1 单位酒本国的劳动时投入（1/100）少于外国的（1/90），所以本国在酒的生产上具有绝对优势。

表 2.2　　　　　　　　　　本国/外国 1 单位劳动时可以生产的布/酒

	布	酒
本国	80	100
外国	120	90

三、绝对优势理论

一个人或国家应该专业地去生产其有绝对优势的产品，然后跟别的个人或国家进行贸易，出口其具有绝对优势的产品，而进口其具有绝对劣势的产品。

如果 2 个国家分别专业化生产各自具有绝对优势的产品，并且拿其中一部分去跟别的国家进行交换，则与没有贸易的情况相比，两个国家最终都可以获益。以表 2.1 为例，在没有贸易的情况下，每个国家各自生产 1 单位的布和 1 单位的酒（如表 2.3 所示）。如果本国将所有的劳动力（80+100=180）都用于其具有绝对优势的布的生产，则共可生产［（80+100）÷80=2.25］单位的布；而如果外国所有的劳动力（90+120=210）都专注于生产其具有比较优势的酒，则共可生产［（90+120）÷90=2.33］2.33

单位的酒（如表 2.4 所示）。如果本国和外国商定用 1 单位的布交换 1 单位的酒，那么本国最终可消费 1.25 单位的布和 1 单位的酒；而外国最终可消费 1 单位的布和 1.33 单位的酒（如表 2.5 所示）。与贸易前相比，在同样的资源条件下，即相同的劳动时投入水平，保持酒的消费量不变的同时本国可多消费 0.25 单位的布，而保持布的消费量不变的同时外国可多消费 0.33 单位的酒。因此，本国和外国均从贸易中获益。

表 2.3 　　　　　　　　本国/外国布/酒的产量（贸易前）

	劳动时	布	酒
本国	180	1	1
外国	210	1	1

表 2.4 　　　　　　　　本国/外国布/酒的产量（分工后）

	劳动时	布	酒
本国	180	2.25	0
外国	210	0	2.33

表 2.5 　　　　　　　　本国/葡萄布/酒的拥有量（贸易后）

	劳动时	布	酒
本国	180	1.25	1
外国	210	1	1.33

思考：

[2.1] 除 1 单位布交换 1 单位酒之外，本国和外国可能同意其他的交换比例么？是什么？

四、绝对优势理论的局限性

如表 2.6 所示，生产 1 单位布，本国和外国分别需要 100 劳动时和 90 劳动时；生产 1 单位酒，本国和外国分别需要 120 劳动时和 80 劳动时。由此可判断，外国在布和酒的生产上均具有绝对优势，根据亚当·斯密的绝对优势论，两国是不会进行贸易的。然而，真实情况却是本国和外国是可以从贸易中实现双赢的。换而言之，绝对优势论并不能很好的解释所有的贸易现象，这为新理论的出现提供了空间。

表 2.6 　　　　　　　　本国/外国生产 1 单位布/酒所需劳动时

	布	酒
本国	100	120
外国	90	80

阅读 2.2

Adam Smith（亚当·斯密），1723—1790 年，苏格兰经济学家、哲学家、道德哲学家，是政治经济学的先驱。1759 年发表的 The Theory of Moral Sentiments（《道德情操论》）和 1776 年发表的 An Inquiry into the Nature and Causes of the Wealth of Nations（《国民财富的性质和原因的研究》）是 Smith 最为著名的代表作，后者简称为 The Wealth of Nations（《国富论》），被认为是 Smith 的杰出代表作，是经济学现代著作第一书。

《国富论》的发表不仅标志着经济学作为一门独立的社会科学正式诞生，而且为现代市场经济理论体系的形成奠定了基础，在经济学发展史上至今还没有一部著作的影响力能超越它的。

《国富论》是时代的产物。在这部著作中，Smith 根据 18 世纪英国产业资本发展的需要，深刻探讨了资本主义自由竞争阶段国民财富的性质和原因，全面论证了经济自由的合理性和必然性，建立了资产阶级古典政治经济学的完整体系。其基本思想是经济自由主义，Smith 的一句名言是，"市场这只看不见的手会促使人们在追求自己利益的时候，往往使他能比在真正出于本意情况下更有效地促进社会的利益"。《国富论》通篇论证的是，社会经济要增长必须靠实行自由竞争的市场经济制度。人类历史证明，市场经济体制是实现经济资源配置最有效的方式和制度。

1776 年这部著作一经发表，立即震动了当时资本主义经济正在发展起来的整个欧洲。直到该书问世整整一个世纪后，中国人才从同文馆（于 1898 年设立的中国第一家现代图书馆）开设的"富国策"课程中第一次知道 Smith 的名字，知道他写了一部大著作叫《邦国财用论》（这是《国富论》的最早中文译名）。1902 年，当时的维新派人物严复将这部书献策于光绪皇帝，这是该书的第一个中文译本。

资料来源：

Davis, W., Figgins, B., Hedengren, D., Klein, D. Economics Professors´ Favorite Economic Thinkers, Journals, and Blogs（along with Party and Policy Views）[J]. Econ Journal Watch, 2011, 8 (2): 133.

尹伯成. 亚当·斯密经济思想在中国的价值和命运——纪念《国富论》发表 240 周年 [J]. 学术评论, 2016 (6): 37-41.

第三节　比较优势理论

David Ricardo（大卫·李嘉图）在其 1817 年出版的《政治经济学及赋税原理》一书中提出了比较优势理论（Theory of Comparative Advantage），旨在解释为什么当一国的工人在所有商品的生产上均有绝对优势的时候仍然会从事国际贸易。他表明如果 2 个国家在自由市场上生产 2 种商品，假定国家之间存在劳动生产率差异，则每个国家都可通过出口其具有比较优势的产品进口其具有比较劣势的产品而增加其总消费。

一、基本假设

比较优势理论的基本假设条件与绝对优势理论基本相同，此处不再赘述。

二、机会成本

某一选择的机会成本即为了此选择所必须放弃的其他最好的选择的价值。

例 1：玛丽有 1 万元现金，她可以选择以 2.5% 的年利率存入银行或者购买股票，假设 1 年期的股票收益为 300 元，玛丽选择存银行的机会成本即为她所放弃的股票收益，即 300 元。

例 2：麦克同时收到三家公司的工作邀请，公司 A 提供的年薪为 5 万元，公司 B 提供的年薪为 3 万元，公司 C 提供的年薪为 6 万元，若麦克选择接受公司 A 的邀约，则机会成本为他所放弃的公司 C 邀约的价值 6 万元。

思考：

[2.2] 为什么玛丽的机会成本不是 50 元呢？

[2.3] 为什么麦克的机会成本不是 9 万元、3 万元或 1 万元呢？

三、比较优势

如果一个国家生产某一商品的机会成本低于其他国家，则这个国家在此商品的生产上具有比较优势。反之，如果一个国家生产某一商品的机会成本高于其他国家，则这个国家在此商品的生产上具有比较劣势。

在之前的分析中，我们知道根据亚当·斯密的绝对优势论，表 2.6 中所示的两个国家之间是不会进行贸易的。然而，我们发现两个国家在生产 2 种商品时的相对成本是不同的。本国用 100 劳动时可生产 1 单位布或者 5/6 单位酒，也就是说本国为了生产 1 单位布必须放弃 5/6 单位酒，即在本国 1 单位布的机会成本为 5/6 单位酒的价值；同样的，外国用 90 劳动时可生产 1 单位布或者 9/8 单位酒，即外国为了生产 1 单位布必须放弃 9/8 单位酒，也即在外国 1 单位布的机会成本为 9/8 单位酒的价值。我们发现 1 单位布在本国的机会成本是小于其在外国的机会成本的，所以本国在布的生产上具有比较优势，而外国在布的生产上具有比较劣势。

为了加深理解，我们再从酒的角度分析一下。本国用 120 劳动时可生产 1 单位酒或者 6/5 单位布，即在本国 1 单位酒的机会成本为 6/5 单位布的价值；同样的，外国用 80 劳动时可生产 1 单位酒或者 8/9 单位布，即在外国 1 单位酒的机会成本为 8/9 单位布的价值。我们发现 1 单位酒在外国的机会成本小于其在本国的机会成本，所以外国在酒的生产上具有比较优势，而本国在酒的生产上具有比较劣势。

如果表 2.6 中的数字意义改变，则结果随之改变。表 2.7 中，本国 1 劳动时可生产 100 单位布或 120 单位酒，即生产 100 单位布需要牺牲掉 120 单位酒，也即本国 1 单位布的机会成本为 6/5 单位酒的价值；外国 1 劳动时可生产 90 单位布或 80 单位酒，即生产 90 单位布需要牺牲掉 80 单位酒，换言之，外国 1 单位布的机会成本为 8/9 单位酒的价值。相较之下，外国1单位布的机会成本低于本国，所以外国在布的生产上具有比较优势，而本国在布的生产上具有比较劣势。由于比较优势是比较得来的，一国不可能在两种产品的生产上同时具有比较优势或比较劣势，所以，即便不去对酒的机会成本进行专门的分析，我们也可以得知表2.7中本国在酒的生产上具有比较优势，而外国在酒的生产上具有比较劣势。

表2.7　　　　　　　　本国/外国1单位劳动时可以生产的布/酒的量

	布	酒
本国	100	120
外国	90	80

思考:

〔2.4〕试从机会成本的角度分析为什么表2.7中本国在酒的生产上具有比较优势呢？

四、比较优势理论

比较优势理论指出一个人或国家应专业化生产其具有比较优势的产品，并与其他国家进行贸易，出口其具有比较优势的产品而进口其具有比较劣势的产品。

以表2.6为例，在没有贸易的情况下，要想获得1单位布和1单位酒，本国共需220劳动时，外国共需170劳动时（如表2.8所示）。由上面的分析可知，本国生产布更有效率而外国生产酒更有效率，即本国在布的生产上有比较优势而外国在酒的生产上有比较优势。根据比较优势理论，本国应专注于生产布，则共可得2.2单位布（220/100 = 2.2），而外国应专注于生产酒，共可得2.125单位酒（170/80 = 2.125）（如表2.9所示）。假定本国和外国商定用1单位布交换1单位酒，则贸易后，本国可同时获得1.2单位布和1单位酒，而外国可同时获得1单位布和1.125单位酒（如表2.10所示）。与贸易前比，在酒的消费量不变的情况下，本国可多消费0.1单位布；在布的消费量不变的情况下，外国可多消费0.125单位酒。所以，两国均从贸易中获益。

表2.8　　　　　　　　本国/外国布/酒的产量（贸易前）

	劳动时	布	酒
本国	220	1	1
外国	170	1	1

表2.9　　　　　　　　本国/外国布/酒的产量（分工后）

	劳动时	布	酒
本国	220	2.2	0
外国	170	0	2.125

表 2.10　　　　　　　　本国/外国布/酒的产量（贸易后）

	劳动时	布	酒
本国	220	1.2	1
外国	170	1	1.125

思考：

[2.5] 除 1 单位布交换 1 单位酒之外，本国和外国可能同意其他的交换比例么？是什么？

五、比较优势理论的局限性

如表 2.11 所示，生产 1 单位布，本国和外国分别需要 100 和 80 劳动时；生产 1 单位酒，本国和外国分别需要 200 和 160 劳动时。由此可判断，外国在布和酒的生产上均具有绝对优势，而本国在布和酒的生产上均具有绝对劣势，根据亚当·斯密的绝对优势论，两国是不会进行贸易的。同时，本国生产 1 单位布的机会成本为生产单位酒的价值（$100/200=1/2$），外国生产 1 单位布的机会成本也为生产单位酒的价值（$80/160=1/2$）。根据比较优势的定义，无论是本国或是外国均在布的生产上没有比较优势，同理，无论是本国或是外国均在酒的生产上没有比较优势。根据大卫·李嘉图的比较优势论，两国是不会进行贸易的。然而，真实情况却是本国和外国可以从贸易中实现双赢。换而言之，比较优势论并不能很好的解释所有的贸易现象，这为新理论的出现提供了空间。

表 2.11　　　　　　　本国/外国生产 1 单位布/酒所需劳动时

	布	酒
本国	100	200
外国	80	160

思考：

[2.6] 为什么表 2.11 中信息不能说明本国和外国均在布（或酒）的生产上具有比较优势呢？

阅读 2.3

David Ricardo（大卫·李嘉图），1772—1823 年，英国政治经济学家，是古典经济学最具影响力的代表人物之一。他出生在英国一个犹太家庭，其父是一位富有的伦敦证券交易所经纪人。他 14 岁就跟随父亲在证券交易所做生意，25 岁时成了百万富翁。此后，他致力于自然科学的研究，先后研究过数学、化学、物理、矿物学、地质学等，并爱好文学和哲学。1799 年，他阅读了 Adam Smith 的《国富论》后对政治经济学发生了浓厚的兴趣。1810 年，Ricardo 发表 The High Price of Bullion, a Proof of the

Depreciation of Bank Notes（《黄金的高价是银行纸币贬值的验证》）一文。1817 年他的代表作 On the Principles of Political Economy and Taxation（《政治经济学及赋税原理》）出版，该书的问世使他立即成为当时英国最著名的经济学家。

Ricardo 奉行经济自由主义，以功利主义为其哲学基础，鼓励资本主义的自由发展。他的经济学理论包括三个最主要的论点：

1. 劳动价值理论。Ricardo 认识到商品获得交换价值的途径主要有两个：一是该商品的稀缺性；二是获取该商品时所必需的劳动量。他还明确阐述了商品价值量与生产该商品时耗费的劳动成正比、与劳动生产率成反比的原理。并且对于斯密的"商品的价值只取决于直接劳动，与间接劳动无关"提出了相反的看法。他认为商品的价值不仅取决于直接施于商品上的劳动，那些为了协助这种劳动而施于器具、工具和建筑物上的劳动（即间接劳动）也影响着商品的价值。

2. 自由贸易理论。Ricardo 认为每个国家不仅可以生产对该国来说有绝对优势的商品，也可以生产那些只具有相对优势的商品，他以英国和葡萄牙两国间的贸易为例阐释了自己的理论。

3. 分配理论。分配理论是 Ricardo 理论体系的核心内容。Ricardo 认为可以将社会分为三个阶级：地主阶级、工人阶级、资本家阶级。地主阶级占有土地、资本家阶级占有资本、工人阶级拥有自己的劳动。劳动和资本投资于土地而生产出来的谷物就应当归三个阶级共同占有和分配，分配给地主阶级的那部分叫"地租"，分配给资本家阶级的那部分叫"利润"，而分配给工人阶级的那部分则被称为"工资"。社会总产品是一个确定量，在三个阶级之间进行分割，就必然表现为三个阶级之间经济利益的对立，三者共同瓜分劳动创造的价值，三者之间的关系必然是对立、此消彼长的。

资料来源：王一帆，大卫·李嘉图的经济学说及影响［J］. 新经济，2015（11）：29-30.

第四节 自由贸易相对价格的确定

绝对优势或比较优势的存在仅仅为国际贸易的产生提供了基础，到底国家之间是否会进行贸易？以什么样的模式进行贸易？这还取决于另一个非常重要的因素——交易价格。在绝对优势理论和比较优势理论的分析中，我们均假定交易价格是给定的，但在真实的贸易过程中，到底哪一个或哪些交易价格能够被交易双方所接受呢？本节分析自由贸易相对交易价格的确定。

基本假设条件与绝对优势理论和相对优势理论相同。我们用 L^H 代表本国的劳动力，国内生产 1 单位酒所需劳动力表示为 L_W^H，生产 1 单位布所需劳动力表示为 L_C^H，酒和布的总产量分别用 W^H 和 C^H 表示。同样的，L^F 代表外国的劳动力，国外生产 1 单位酒所需劳动力表示为 L_W^F，生产 1 单位布所需劳动力表示为 L_C^F，酒和布的总产量分别用 W^F 和 C^F 表示。

我们假定本国在布的生产上比外国更有生产效率，即：$\dfrac{L_C^H}{L_C^F} < \dfrac{L_W^H}{L_W^F}$。将其变形可得

$\left(\dfrac{L_C}{L_W}\right)^H < \left(\dfrac{L_C}{L_W}\right)^F$，其中，$\left(\dfrac{L_C}{L_W}\right)^H$ 和 $\left(\dfrac{L_C}{L_W}\right)^F$ 分别为本国和外国生产 1 单位布所需牺牲的酒的量。所以，本国在布的生产上具备比较优势，在酒的生产上具有比较劣势；而外国在酒的生产上具备比较优势，在布的生产上具有比较劣势。

在不存在贸易时，布和酒的价格在各个国家完全由其各自的劳动力成本所决定，即 $P = wL$。假定本国和外国酒生产部门的劳动力价格分别为 w_W^H 和 w_W^F，布生产部门的劳动力价格分别为 w_C^H 和 w_C^F。本国生产 1 单位酒的劳动力成本为 $(w_W L_W)^H$，生产 1 单位布的劳动力成本为 $(w_C L_C)^H$；而外国生产 1 单位酒的劳动力成本为 $(w_W L_W)^F$，生产 1 单位布的劳动力成本为 $(w L_C)^F$。所以本国和外国的相对价格，在此我们将其定义为布的价格与酒的价格之比，分别为 $\left(\dfrac{P_C}{P_W}\right)^H = \left(\dfrac{w_C L_C}{w_W L_W}\right)^H$ 和 $\left(\dfrac{P_C}{P_W}\right)^F = \left(\dfrac{w_C L_C}{w_W L_W}\right)^F$。在均衡状态下，本国和外国酒生产部门和布生产部门的劳动力价格相等，即 $w_W^H = w_C^H$ 和 $w_W^F = w_C^F$。所以 $\left(\dfrac{P_C}{P_W}\right)^H = \left(\dfrac{L_C}{L_W}\right)^H$，$\left(\dfrac{P_C}{P_W}\right)^H = \left(\dfrac{L_C}{L_W}\right)^F$。

在自由贸易条件下，两国以世界市场价格进行交易。世界市场价格由世界市场的供给和需求决定。由于我们关注的是世界市场（World）的相对价格 $\left(\dfrac{P_C}{P_W}\right)^W$，所以我们要分析两种商品的世界相对需求（$RD$）和相对供给（$RS$）曲线。我们假定相对需求曲线 RD 体现了替代效应，即布与酒的相对需求量 $\dfrac{C^H + C^F}{W^H + W^F}$ 随着相对价格 $\dfrac{P_C}{P_W}$ 的升高而减少（如图 2.1 所示）。相对供给曲线 RS 的情况要复杂些，存在以下 5 种可能：

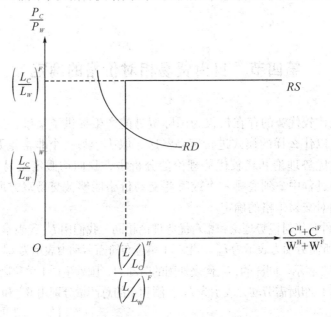

图 2.1　相对供给曲线和相对需求曲线

1. 若 $\frac{P_C}{P_W} < \left(\frac{L_C}{L_W}\right)^H < \left(\frac{L_C}{L_W}\right)^F$，则本国和外国酒生产部门的工资均高于布生产部门

的工资 $\frac{P_W}{L_W^H} > \frac{P_C}{L_C^H}$ 且 $\frac{P_W}{L_W^F} > \frac{P_C}{L_C^F}$，所以本国和外国都会专业化生产酒，即本国和外国布的

产量均为 0，即 $C^H = C^F = 0$，所以相对供给量 $\frac{C^H + C^F}{W^H + W^F} = 0$。

2. 若 $\frac{P_C}{P_W} = \left(\frac{L_C}{L_W}\right)^H < \left(\frac{L_C}{L_W}\right)^F$，则外国酒生产部门的工资高于布生产部门的工资 $\frac{P_W}{L_W^F}$

$> \frac{P_C}{L_C^F}$，而本国两部门之间的工资无差异 $\frac{P_W}{L_W^H} = \frac{P_C}{L_C^H}$，所以外国会专业化生产酒，此时外

国布的产量为 0，即 $C^F = 0$，而本国劳动力对生产酒或是布无偏好，所以相对供给量

$\frac{C^H + C^F}{W^H + W^F}$ 可以是 $\left[0, \frac{(L/L_C)^H}{(L/L_W)^F}\right]$ 区域内的任何值。

3. 若 $\left(\frac{L_C}{L_W}\right)^H < \frac{P_C}{P_W} < \left(\frac{L_C}{L_W}\right)^F$，则本国酒生产部门的工资低于布生产部门的工资，

而外国酒生产部门的工资高于布生产部门的工资，即 $\frac{P_W}{L_W^H} < \frac{P_C}{L_C^H}$ 且 $\frac{P_W}{L_W^F} > \frac{P_C}{L_C^F}$，所以本国

会专业化生产布，而外国都会专业化生产酒，此时，本国酒的产量为 0，而外国布的产

量为 0，即 $W^H = C^F = 0$，所以相对供给量为 $\frac{C^H + C^F}{W^H + W^F} = \frac{C^H}{W^F} = \frac{(L/L_C)^H}{(L/L_W)^F}$。

4. 若 $\left(\frac{L_C}{L_W}\right)^H < \left(\frac{L_C}{L_W}\right)^F = \frac{P_C}{P_W}$，则本国布生产部门的工资高于酒生产部门的工资 $\frac{P_W}{L_W^H}$

$< \frac{P_C}{L_C^H}$，而外国两部门之间的工资无差异 $\frac{P_W}{L_W^F} = \frac{P_C}{L_C^F}$，所以本国会专业化生产布，其酒的

产量为 0，即 $W^H = 0$，而外国劳动力对生产酒或是布无偏好，所以相对供给量 $\frac{C^H + C^F}{W^H + W^F}$

可以是 $\left[\frac{(L/L_C)^H}{(L/L_W)^F}, +\infty\right)$ 区间内的任何值。

5. 若 $\left(\frac{L_C}{L_W}\right)^H < \left(\frac{L_C}{L_W}\right)^F < \frac{P_C}{P_W}$，则本国和外国布生产部门的工资均高于酒生产部门

的工资，即 $\frac{P_W}{L_W^H} < \frac{P_C}{L_C^H}$ 且 $\frac{P_W}{L_W^F} < \frac{P_C}{L_C^F}$，所以本国和外国都会专业化生产布，此时，本国和

外国酒的产量均为 0，即 $W^H = W^F = 0$，所以相对供给量 $\frac{C^H + C^F}{W^H + W^F}$ 为无穷大。

贸易价格由相对供给曲线 RS 和相对需求曲线 RD 共同决定，由以上分析和图 2.1
可知，世界市场上的相对价格应满足以下不等式 2.1：

$$\left(\frac{L_C}{L_W}\right)^H < \frac{P_C}{P_W} < \left(\frac{L_C}{L_W}\right)^F \qquad \text{（式2.1）}$$

思考：

[2.7] 为什么第 3 种情况中，当 $\left(\frac{L_C}{L_W}\right)^H < \frac{P_C}{P_W} < \left(\frac{L_C}{L_W}\right)^F$ 时，世界市场上布和酒的相对供给量为 $\frac{(L/L_C)^H}{(L/L_W)^F}$？

[2.8] 为什么 $\frac{(L/L_C)^H}{(L/L_W)^F}$ 为第 2 种情况中酒和布相对供给量的取值上限？

[2.9] 为什么 $\frac{(L/L_C)^H}{(L/L_W)^F}$ 为第 4 种情况中酒和布相对供给量的取值下限？

[2.10] 结合第 4 部分的内容，再次思考上文的思考 2.1 和思考 2.5。

阅读 2.4

中国在 2010 年超越日本成为世界第二大经济体（Cai，2012）。同时，中国也成为世界第一大出口国和制造业生产国（World Bank，2012），甚至高技术产业的生产和出口在 2008 年也居世界第一 [据 OECD（Organization for Economic Cooperatoin and Derelopment）统计数据]。然而，支撑中国这些壮观的规模和速度的，其实是以低廉的要素（尤其是劳动力）成本和资源环境代价为基础的"比较优势"，长期而言不具有可持续性（王小鲁、樊纲、刘鹏，2009）。"中国制造"的产品相对低端、利润微薄，在全球价值链分工中处于劣势地位，其低成本优势会因为本币升值、原材料价格上涨、环保成本提高、劳动力成本上升等因素而受到冲击（刘林青、李文秀、张亚婷，2009）。如果逐渐失去在劳动密集型产业中的比较优势，而尚未获得在技术和资本密集型产业中的比较优势，则中国将面临落入"比较优势陷阱"的风险（蔡昉，2011）。

实际上，由于对一种比较优势的过度依赖导致进一步发展受阻的案例曾多次发生过，如第二次世界大战后一些资源丰富国家或地区因为对资源优势的过度依赖，最终陷入增长困境，亦即荷兰病（Dutch Disease）或者资源诅咒（Resource Curse）（Auty and Gelb，2000；Auty，2002）。一些资源相对短缺但劳动力丰富的国家，通过发展出口型的制造业，利用市场机制优化资源配置，取得了经济的快速增长（Lal，1993；Sachs and Warner，1997；Auty，2007）。然而当这些经济体凭借低成本劳动力优势跨越贫困陷阱（Poverty Trap），逐步融入全球经济体之中、达到中等收入国家水平之后，想要更进一步发展时却发现困难重重——不能摆脱对低成本劳动力等要素的依赖，建立以技术创新、物质资本和人力资本积累为基础的新比较优势。实际数据表明，到 1960 年被列为中等收入水平的 101 个经济体中，截至 2008 年仅有 13 个经济体进入高收入国家行列（World Bank，2008）。

资料来源：杨高举，黄先海. 中国会陷入比较优势陷阱吗？[J]. 管理世界，2014（5）：5-22.

第三章 标准贸易模型

国际贸易不仅与生产相关，消费也对贸易模式起着关键的决定作用。无论是绝对优势理论还是比较优势理论，均仅从生产的角度去分析和解释国际贸易，其局限性是显而易见的。本章介绍的标准贸易模型综合考虑生产和消费两方面的因素，更好地诠释了国际贸易产生的原因及呈现的形式。为了更好地理解标准贸易模型，本章首先对生产可能性边界和社会无差异曲线等相关概念进行了阐释。

第一节 生产可能性边界

生产可能性边界（PPF，Production Possibilities Frontier），又称为生产可能性曲线，描述了一个资源既定的经济体在不同产品生产间的权衡。它用图形展示了一个经济体以最有效的方式、充分利用所有资源所能达到的产出的最大组合。简而言之，假设一个国家生产布（C）和酒（W）两种商品，其生产可能性边界是在充分利用所有的资源且采用现有最有效率的技术的前提下，由所有可能的布和酒最大产量组合构成的一条直线或曲线。

一、生产可能性边界的形状

根据生产的机会成本的不同，生产可能性边界有三种形状。当机会成本固定不变时，为一条直线（如图 3.1（a）所示）；当机会成本递增时，为一条凹向原点的曲线（如图 3.1（b）所示）；当机会成本递减时，为一条凸向原点的曲线（如图 3.1（c）所示）。

如图 3.1（a）～（c）所示，假定生产两种商品酒和布，当所有的资源都用来生产酒时，酒和布的产量分别为 $MaxW$ 和 0，此时生产组合点在纵坐标轴上；如果要生产 1 单位布，需要将一部分资源从酒的生产线转移到布的生产线，牺牲掉一部分酒的产量，生产组合点变为 A；若要继续追加 1 单位布的生产，则需要继续将部分资源从酒的生产线转移到布的生产线，酒的产量相应继续减少，生产组合点变为 B；以此类推，可得到生产组合 C 点……直至所有的资源都被转移至布的生产线，则酒和布的产量分别为 0 和 $MaxC$，此时生产组合点在横坐标轴上。对比三幅图，可以发现图 3.1（a）中每增加 1 单位布的产量所牺牲掉的酒的产量不变，也即以酒衡量的布的机会成本是固定的，连接各生产组合点得到的生产可能性边界是一条平滑的直线；图 3.1（b）中每增加 1 单位布的产量所牺牲掉的酒的产量逐渐增加，也即以酒衡量的布的机会成本是递增的，连接各生产组合点得到的生产可能性边界是一条凹向原点的曲线；图 3.1（c）图中每增加 1 单位布的产量所牺牲掉的酒的产量逐渐减少，也即以酒衡量的布的机会成本是递减的，连接各生产组合点得到的生产可能性边界是一条凸向原点的曲线。

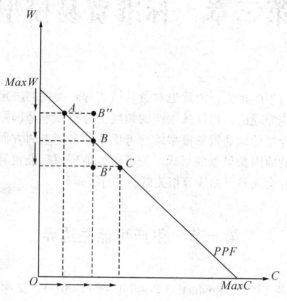

图 3.1（a）　　生产可能性边界（固定成本）

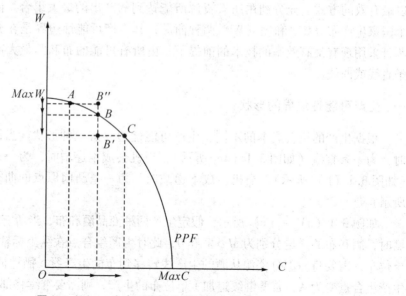

图 3.1（b）　　生产可能性边界（成本递增）

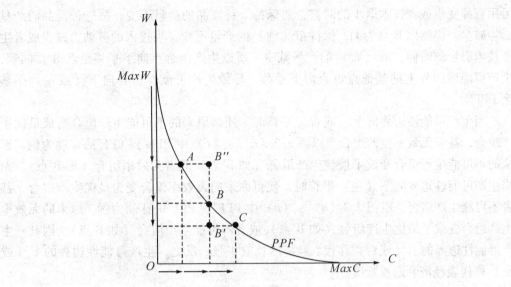

图 3.1（c） 生产可能性边界（成本递减）

二、无效率组合、最优组合及不可能组合

所有生产可能性边界上面和左面的点都是可得的，即以现有的资源和技术它们都可以被生产出来。生产可能性边界上面的点都是有效率的点，我们称之为最大生产可能组合点。在这样的点上，要想多生产一种商品必须减少生产其他商品。如图 3.1（a）～（c）中的 B 点，当布的产量一定时，B 点所确定的酒的产量为现有资源及技术条件下的最大产量。生产可能性边界左边的点我们称之为无效率生产组合点，因为现有的资源和技术允许在不牺牲其他商品的前提下增加一种商品的生产。换而言之，如果能够更有效率地分配资源，可以同时生产更多所有的商品。又或者说，现有的部分资源是闲置或浪费的，如果能够充分利用所有资源，就可以同时增加所有商品的生产。如图 3.1（a）～（c）中的 B′点，保持 B′点所示的布的产量不变，有能力生产比 B′点所确定的酒产量更多的酒（即 B 点）。所有生产可能性边界右面的点都是不可得的，我们称之为不可能生产组合点，因为以现有可得的资源及技术水平，它们是无法被生产出来的。如图 3.1（a）～（c）中的 B″点，当生产完 B″点所示的布的产量时，B″点所示的酒的产量是不可能达到的，因为此时酒的最大产量由 B 点决定。

三、生产可能性边界的位移

生产可能性边界的位置会随着一国资源和技术状况的改变而移动。当一国拥有的资源变多或者有更好的技术条件时，在一种商品的产量不变的条件下，可以生产更多的另一种商品。如图 3.2（a）～（c）所示，PPF 为初始生产可能性边界。以 B 点为例，保持布（酒）的产量不变，当有更多的劳动力可以投入生产或者生产技术进步的时候，酒（布）的产量增加，所以生产组合点向上平移至 B″，同理，生产可能性边界上的其他点也会向上平移，导致生产可能性边界向上（或右）平移至 PPF″。反之，当可用资源变少或者技术退步的时候，要保持一种商品的产量不变，另一种商品的产量必须减少。仍然以 B 点为例，保持布（酒）的产量不变，当投入的劳动力减少或者生产技术退步的时候，酒（布）的产量减少，所以生产组合点向下平移至点 B′，同理，生产可能性边界上的其他点也会向下平移，导致生产可能性边界向下（或左）平移至 PPF′。

当生产可能性边界向上（或右）平移时，使得原来的不可能生产组合变成最优生产组合，甚至无效率生产组合。以图 3.2（a）～（c）中 PPF′ 到 PPF″ 的移动为例，原来的不可能生产组合变成了最优生产组合（如 B″ 点）或者无效率组合（如 B 点）。而当生产可能性边界向下（左）平移时，使得原来的无效率组合变为最优生产组合，甚者不可能生产组合。以图 3.2（a）～（c）中 PPF″ 到 PPF′ 的移动为例，原来的无效率生产组合变成了最优生产组合（如 B′ 点）或者不可能生产组合（如 B 点）。因此，生产可能性边界的上（或右）移代表经济增长或扩张，反之，生产可能性边界的下（或左）移代表经济衰退或紧缩。

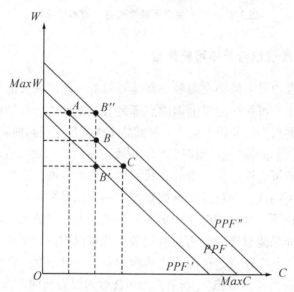

图 3.2（a）　生产可能性边界的位移（固定成本）

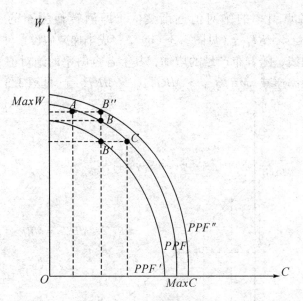

图 3.2（b） 生产可能性边界的位移（成本递增）

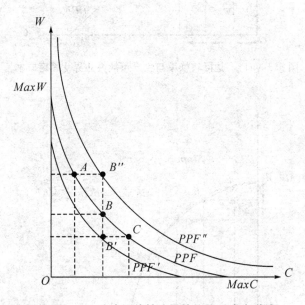

图 3.2（c） 生产可能性边界的位移（成本递减）

四、边际转换率（MRT）

边际转换率（MRT，Marginal Rate of Transformation）衡量每增加 1 单位某种商品（布）需要牺牲的另一种商品（酒）的量。用数学公式表达为 $\dfrac{\Delta W}{\Delta C}$，也即生产可能性边界上每一个点斜率的绝对值。固定成本条件下，生产可能性边界为一条直线，其上每个点的斜率均相同，即酒转换为布的边际转换率不变，$MRT^A_{C, W} = MRT^B_{C, W} = MRT^C_{C, W}$（见图 3.3（a））；成本递增假设条件下，生产可能性边界为凹向原点的曲线，随着布产量的增加，其上各点斜率的绝对值逐渐变大，即酒转换为布的边际转换率递增，$MRT_{C,W}^A < MRT_{C,W}^B < MRT_{C,W}^C$（见图 3.3（b））；成本递减假设条件下，生产可能性边界为凸向原点的曲线，随着布产量的增加，其上各点斜率的绝对值逐渐变小，即酒转换为布的边际转换率递减，$MRT_{C,W}^A > MRT_{C,W}^B > MRT_{C,W}^C$（见图 3.3（c））。

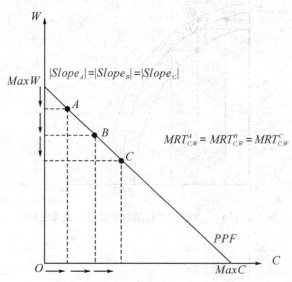

图 3.3（a） 边际转换率与生产可能性边界（固定成本）

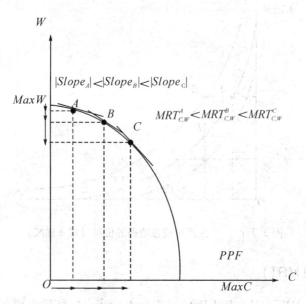

图 3.3（b） 边际转换率与生产可能性边界（成本递增）

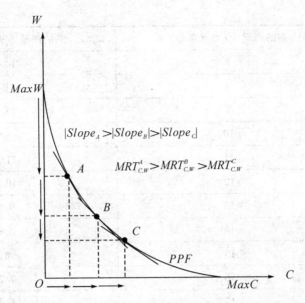

图 3.3（c） 边际转换率与生产可能性边界（成本递减）

补充 3.1：生产可能性边界的推导（以固定成本为例）

以表 3.1 中英国为例，假设英国共投入 2 000 劳动时生产布和酒，生产 1 单位布需要 80 劳动时，生产 1 单位酒需要 100 劳动时，即在英国 1 单位布需要 4/5 单位酒来交换。若将所有劳动时都投入在生产酒的部门，最多可获得 20 单位酒，而布的产量为 0（表 3.1 中的组合 A 和图 3.4 中的 A 点）。如果英国想要生产 1 单位布，就需要将一部分劳动时（80）转移到生产布的部门，则意味着牺牲掉 4/5 单位酒，所以新的生产组合为 1 单位布和 19.2 单位酒（B 点）；如果要继续多生产 1 单位布，则要牺牲掉另外 4/5 单位酒，则生产组合变为 2 单位布和 18.4 单位酒（C 点）。依此类推，我们会得到无数酒和布的生产组合点，直到所有的劳动力都从酒生产部门转移到布生产部门，此时布的产量达到最大值 25，而酒的产量为 0（Z 点）。连接所有的点得到的直线即为英国的生产可能性边界（如图 3.4 所示）。

表 3.1 　　　　英国布和酒的最优生产组合（劳动力 = 2 000 劳动时）

	布的产量（C）（单位）	酒的产量（W）（单位）
A	0	20
B	1	19.2
C	2	18.4
D	3	17.6
E	4	16.8
F	5	16
G	6	15.2

表3.1(续)

	布的产量（C）（单位）	酒的产量（W）（单位）
H	7	14.4
I	8	13.6
J	9	12.8
K	10	12
L	11	11.2
M	12	10.4
N	13	9.6
O	14	8.8
P	15	8
Q	16	7.2
R	17	6.4
S	18	5.6
T	19	4.8
U	20	4
V	21	3.2
W	22	2.4
X	23	1.6
Y	24	0.8
Z	25	0

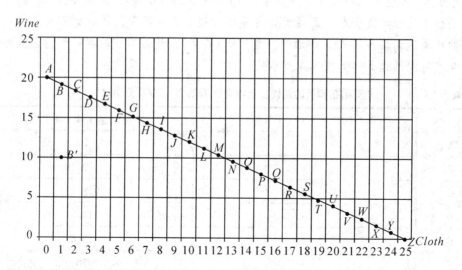

图 3.4 英国布（Cloth）和酒（Wine）的生产可能性边界（固定成本，劳动时=2 000）

所有生产可能性边界上面和左面的点都是可得的，即以现有的资源和最好的技术它们都可以被生产出来。生产可能性边界上面的点都是有效率的点，我们称之为最大生产可能组合点。在这样的点上，要想多生产一种商品必须少生产其他商品。如图 3.4 中的 B 点，当布的产量为 1 时，英国最多可以生产 19.2 单位酒；生产可能性边界左边的点我们称之为无效率生产组合点，因为现有的资源和技术允许在不牺牲其他商品的前提下增加一种商品的生产。又或者说，现有的部分资源是闲置或浪费的，如果能够充分利用所有资源或如果能够更有效率地分配资源，就可以同时增加所有商品的生产。如图 3.4 中的 B′点，当布的产量为 1 单位时，英国有能力生产 10 单位酒，但这并不是其最大可能产量（19.2 单位）。所有生产可能性边界右面的点都是不可得的（不可能生产组合点），因为以现有可得的资源及技术水平，它们是无法被生产出来的。如图 3.4 中的 C′点，当布的产量为 2 单位时，英国最多可能生产 18.4 单位酒，所以 C′点代表的 2 单位布和 25 单位酒的生产组合是不可能实现的。

思考：

[3.1] 表 2.1、2.2、2.6、2.7 和 2.11 中本国和外国的生产可能性边界分别是怎样的？

[3.2] 生产可能性边界的斜率意味什么？

阅读 3.1

如果将接受教育看作一种投资行为，从个体或其家庭的角度来说，就可以得出一个个体或家庭的生产可能性边界。假定家庭仅有两种投资渠道，即教育投资和其他投资，家庭整体的生产可能性边界在固定的收入水平下是被严格约束的，选择怎样的生产组合，取决于家庭对于各种选择的估值大小，尤其是其边际收益的大小。如图 3.5 所示，横坐标轴表示教育，纵坐标轴表示其他投资，在家庭收入限制下，个体或家庭生产只能在教育和其他投资之间进行不同比例的组合，形成生产可能性边界 PPF_0。人们会权衡利弊，根据对两种投资收益效用的比较来决定合理的均衡点（假定为 E），此时经由 E 点做 PPF_0 的切线，其斜率则是两种投资之间的相互替代率。

由于生产效率的极大扩展和教育机会的广泛普及，生产可能性边界一直在向外扩展。但是，教育及其他投资的扩展比例是不同步的，现代生产方式的扩展速度远远高于教育扩展速度，从 GDP 的发展速度和国民受教育年限的提高速度之间的对比，可以明显发现这种差异性。在生产可能边界线上体现为 PPF_0 逐步变 PPF_1 的过程，在形态上则表现为纵坐标轴上截距的增加要远大于横坐标轴上截距的增加。如果按照等比例发展，则会自 OE 引出一条射线与 PPF_1 相交于 F 点，这点上教育和其他生产的发展是等比的，但是现今的情况则是处在左上角的 D 点，其原因在于相同的资源在投入教育之外的收益增速比投入于教育的增速要快，这决定了在长期和整体趋势上，从个体或家庭收益的角度来看，教育的吸引力都是有限的。同时，随着经济发展水平的提高，教育的比价升高，接受教育的相对经济门槛也会相应提高。

资料来源：邓飞. 新读书无用论的形成机制及其应对策略 [J]. 教育评论，2017 (8)：12-17.

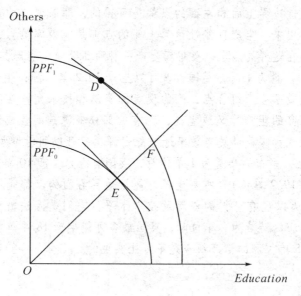

图 3.5　教育投资收益和其他投资收益的生产可能性边界

第二节　社会无差异曲线

一、社会无差异曲线的定义

　　无差异曲线（IC，Indifference Curve）是由保持消费者效用水平一定的消费品的各种组合构成的曲线。消费者的效用水平用来衡量消费者消费商品获得的满足感或幸福感。如图 3.6 所示，假定消费者消费布（C）和酒（W）两种商品，任意消费组合 A 代表的效用水平为 U_1。在这里，我们认为消费品越多效用越高。增加 1 单位布的消费，若要保持效用水平维持在 U_1 不变，必须减少酒的消费，新的消费组合为 B。此时，若继续增加 1 单位布的消费，且保持效用水平 U_1 不变，就必须进一步减少酒的消费，得到另一组消费组合 C。随着布的消费量增加而酒的消费量减少，本着"物以稀为贵"的原则，消费者越来越不愿意牺牲酒的消费来换取布的消费，所以比较从消费组合 A 到 B 的转变与从消费组合 B 到 C 的转变，我们发现同是增加 1 单位布的消费，酒的减少量在下降。以此类推，我们可以得到 D，E 等很多消费者效用为 U_1 的消费组合。将这些消费组合用平滑的曲线连接起来就得到了消费者无差异曲线。

　　将所有消费者的无差异曲线加总起来就得到社会无差异曲线（CIC，Community Indifference Curve）。此处"社会"可以是任何群体，比如一个城市或者一个国家。

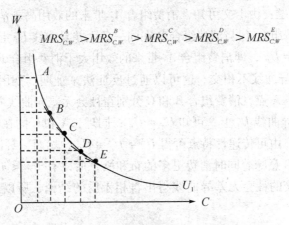

图 3.6 社会无差异曲线和边际替代率

二、社会无差异曲线的特点

消费者无差异曲线和社会无差异曲线有如下共同特点：

1. 向下倾斜。这是因为在"消费品越多越好"的假设前提下，为了保持效用不变，增加一种商品的消费就必须减少另一种商品的消费。

2. 凸向原点。在"物以稀为贵"的假设前提下，随着一种消费品消费量的增加，其所能替代的另一种消费品的数量逐渐减少。

3. 无差异曲线上任一消费组合点代表的效用水平是一样的。

4. 离原点越远的无差异曲线所代表的效用水平越高。如图 3.7 所示，在布的消费量一定的情况下，消费组合 A_1、A_2、A_3 所示的酒的消费量逐步增加，所以各点所代表的效用也逐步提高，即 $U_{A_1} < U_{A_2} < U_{A_3}$。$A_1$、$A_2$、$A_3$ 分别在无差异曲线 U_1、U_2、U_3 上，由特点 3 可推知 $U_1 < U_2 < U_3$。

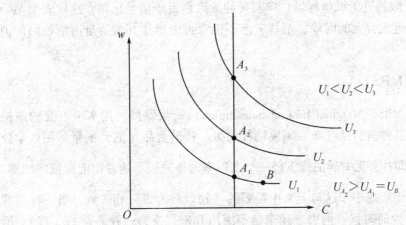

图 3.7 社会无差异曲线的特征

5. 可传递性。如图 3.7 所示，与消费组合点 A_2 相比，消费组合点 B 代表更多的酒消费和更少的布消费，到底哪个消费组合带来的总效用更大呢？我们可以借助消费组

合 A_1 来回答这个问题：由上文可知，消费组合 A_2 带来的效用高于消费组合 A_1，即 U_{A_2} > U_{A_1}，又已知消费组合 A_1 与消费组合 B 在同一条无差异曲线 U_1 上，即 $U_{A_1} = U_B$，由此可得，$U_{A_2} > U_{A_1} = U_B$，即消费组合 A_2 带来的效用大于消费组合 B。

6. 任两条无差异曲线不相交。这可以通过反证法来证明。如图 3.8，社会无差异曲线 U_1 和 U_2 相交于 A 点，消费组合 B 和 C 分别在社会无差异曲线 U_1 和 U_2 上，由于 A 和 B 同在社会无差异曲线 U_1 上，可知 $U_A = U_B$；同理，A 和 C 同在社会无差异曲线 U_2 上，可知 $U_A = U_C$。由可传递性特点可得 $U_A = U_B = U_C$，然而，对比消费组合 B 和 C，我们发现消费组合 C 意味着同时消费更多的布和酒，所以有 $U_B < U_C$，这与前面的结论相悖。由两条相交的社会无差异曲线得出自相矛盾的结论，所以说任意两条社会无差异曲线不相交。

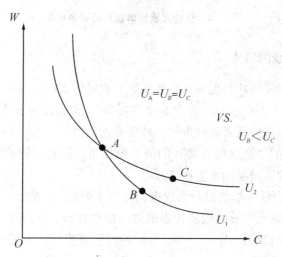

图 3.8 任意两条社会无差异曲线不相交

7. 向上延伸无限趋近于纵坐标轴，向右延伸无限趋近于横坐标轴。这代表当某一消费品的消费量接近无穷大的时候，消费者已不愿意再为增加其消费量而牺牲别的消费品了。

三、边际替代率（MRS）

边际替代率（MRS，Marginal Rate of Substitution）衡量保持效用水平不变的前提下，每增加 1 单位某种消费品（布）需要牺牲的另一种消费品（酒）的量。用数学公式表达为 $\frac{\Delta W}{\Delta C}$，也即社会无差异曲线上每一个点斜率的绝对值。随着布消费量的增加，切线斜率的绝对值逐渐减小。这与上文中提到的"物以稀为贵"相一致，当一种消费品量（酒）越来越少的时候，消费者越来越不愿用其来交换另一种消费品（布）。所以，图 3.6 中 A 点布相对于酒的边际替代率最大，而 E 点布相对于酒的边际替代率最小，即 $MRS_{C,W}^A > MRS_{C,W}^B > MRS_{C,W}^C > MRS_{C,W}^D > MRS_{C,W}^E$。

第三节 孤立的均衡

理论上一国可选择在其生产可能性边界上面及左面的任一点（也即可获得生产组合）进行生产，但一般情况下，国家不会选取生产可能性边界左面的生产点，因为它们是无效率的；也不会选取生产可能性边界两端的极值点，因为在自给自足的条件下，生产什么才能消费什么，如果所有的劳动力都用来生产一种商品，那么该国就无法消费另一种商品了。所以，生产者会选择生产可能性边界上除极值点外的组合点来生产，因为它们是有效率的生产组合，不造成资源的浪费。然而，生产可能性边界上有无数组合点，到底实际生产过程中会选定哪一点进行生产呢？这取决于市场上的另一群体——产品消费者。只有成功将产品销售出去，生产者才能将产品转化为收入，所以市场需求对生产什么以及生产多少有着至关重要的影响。那么消费者到底需要什么商品又分别需要多少呢？这取决于消费为消费者带来的效用，也即幸福感或满足感。这就不得不提到衡量消费者效用的工具——社会无差异曲线了。我们知道离原点越远的社会无差异曲线代表的效用水平越高，所以同等条件下，消费者更愿意选择离原点较远的社会无差异曲线上的消费组合点。如图3.9（a）~（c）所示A、B、C、D四点，消费者最偏爱位于社会无差异曲线 U_3 上的 D 点，因为相比之下其带来的效用水平最高，然而生产能力达不到，D 点为不可能生产组合点；在现有生产资源和技术水平条件下可以实现 A、B、C 三组生产组合，首先可以排除 C 点，因其为无效率生产组合，A 和 B 点虽然都在生产可能性边界上，为最优生产组合，但是 A 点带给消费者的效用水平小于 B 点（$U_1 < U_2$）。综合考虑生产和消费两方面的因素，最终被选择的生产组合是生产可能性边界与社会无差异曲线的切点 B。B 点即为该国孤立状态时的均衡点。

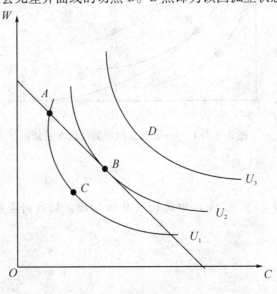

图3.9（a）　一国孤立的均衡（固定成本）

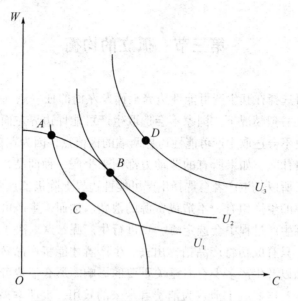

图 3.9（b）　一国孤立的均衡（成本递增）

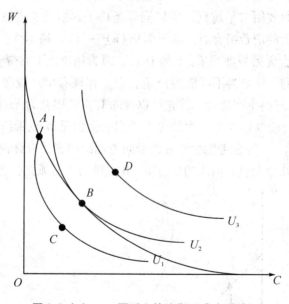

图 3.9（c）　一国孤立的均衡（成本递减）

思考：

[3.3] 过图 3.9（a）~（c）中的切点 B 做切线，切线斜率的绝对值有什么经济学含义？

第四节　生产、消费与相对价格

一、生产与相对价格

假定布和酒的单价分别为 P_C 和 P_W，生产量即销售量分别为 C 和 W，则销售总收入为 $R = P_C C + P_W W$。假定单价 P_C 和 P_W 一定，销售收入 R 取决于生产组合 C 和 W。以成本递增的生产可能性边界为例。如图 3.10，当相对价格为 $\left(\dfrac{P_C}{P_W}\right)_1$ 时，三条斜率绝对值为 $\left(\dfrac{P_C}{P_W}\right)_1$ 平行线 $R_{1,1}$，$R_{1,2}$，$R_{1,3}$ 代表的销售收入 $R_{1,1} < R_{1,2} < R_{1,3}$。我们已知生产可能性边界上及内部的组合点均可被生产，而生产可能性边界以外的组合点均无法生产，作为理性的生产者最终选取的生产组合应该是使得收入 R 最大化的组合，也即直线 $R_{1,2} = P_{C,1} C + P_{W,1} W$ 与生产可能性边界 PPF 的切点 A_1。改相对价格为 $\left(\dfrac{P_C}{P_W}\right)_2$，且 $\left(\dfrac{P_C}{P_W}\right)_1 < \left(\dfrac{P_C}{P_W}\right)_2$，则新的生产组合点为直线 $R_2 = P_{C,2} C + P_{W,2} W$ 与生产可能性边界 PPF 的切点 A_2。可推知，生产组合点的选择与相对价格水平 P_C / P_W 密切相关，当商品相对价格改变时，生产者的生产策略也会随之改变。

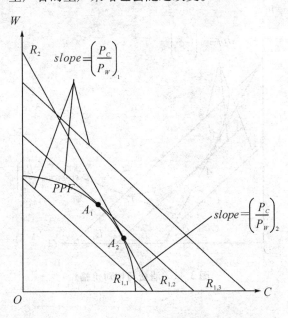

图 3.10　生产与相对价格

思考：

[3.4] 当商品相对价格为 $\left(\dfrac{P_C}{P_W}\right)_3$ 且 $\left(\dfrac{P_C}{P_W}\right)_1 > \left(\dfrac{P_C}{P_W}\right)_3$ 时，图3.10中的生产组合点怎么确定？

[3.5] 尝试分析成本不变和成本递减情况下生产与相对价格之间的关系。

二、消费与相对价格

假定布和酒的单价分别为 P_C 和 P_W，消费量分别为 C 和 W，则消费总花费为 $E = P_C C + P_W W$。假定单价 P_C 和 P_W 一定，消费花费 E 取决于消费组合 C 和 W。如图3.11，当相对价格为 $\left(\dfrac{P_C}{P_W}\right)_1$ 时，三条斜率绝对值为 $\left(\dfrac{P_C}{P_W}\right)_1$ 的平行线 $E_{1,1}$，$E_{1,2}$，$E_{1,3}$ 代表的消费花费有如下关系 $E_{1,1} < E_{1,2} < E_{1,3}$。我们已知社会无差异曲线上的任一消费组合点代表的效用水平一样。既要保证 U_1 的效用水平，又要尽量少花费，理性的消费者会选择在代表花费的直线 $E_{1,2} = P_{C,1} C + P_{W,1} W$ 与社会无差异曲线 U_1 的切点 A_1 进行消费。若改变相对价格为 $\left(\dfrac{P_C}{P_W}\right)_2$，且 $\left(\dfrac{P_C}{P_W}\right)_1 < \left(\dfrac{P_C}{P_W}\right)_2$，则新的消费组合点为直线 $E_2 = P_{C,2} C + P_{W,2} W$ 与社会无差异曲线 U_1 的切点 A_2。可推知，消费组合点的选择与相对价格水平 P_C / P_W 密切相关，当商品相对价格改变时，消费者的消费选择也会随之改变。

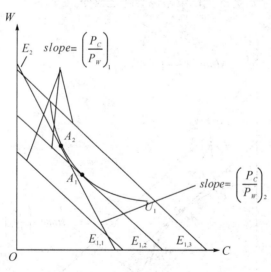

图3.11 消费与相对价格

思考：

[3.6] 当商品相对价格为 $\left(\dfrac{P_C}{P_W}\right)_3$ 且 $\left(\dfrac{P_C}{P_W}\right)_1 > \left(\dfrac{P_C}{P_W}\right)_3$ 时，图3.11中保持效用水平

U_1 不变的消费组合点怎么确定?

[3.7] 有可能在不增加花费 E 的前提下获得更高的效用水平 U_2 ($U_2 > U_1$) 吗?

第五节 开放条件下贸易模式和贸易所得

本节以固定成本和成本递增条件为例,解释开放条件下贸易参与国的贸易模式和贸易所得,成本递减条件下的情况将在第六章第一节规模经济相关内容中进行详细阐释。

一、固定成本条件下

图 3.12 (a) 和图 3.12 (b) 分别展示了固定成本假设下本国和外国的生产及消费情况,点 A^H 和 A^F 分别为本国和外国的孤立的均衡点,它们既是两国的生产组合点又是消费组合点,国内均衡价格分别为 $\left(\frac{P_C}{P_W}\right)^H$ 和 $\left(\frac{P_C}{P_W}\right)^F$,两国此时的效用水平分别由社会无差异曲线 U_1^H 和 U_1^F 代表。图 3.12 (a) 所示本国生产可能性边界与图 3.12 (b) 所示外国生产可能性边界相比,斜率绝对值较小。由比较优势理论可推知,本国在布的生产上有比较优势,外国在酒的生产上有比较优势,所以在开放条件下,本国会专门化生产布,生产组合点为生产可能性边界与横轴的交点 B^H ;而外国会专门化生产酒,生产组合点为生产可能性边界与纵轴的交点 B^F 。当两国以世界市场的相对价格 $\left(\frac{P_C}{P_W}\right)^W$

($\left(\frac{P_C}{P_W}\right)^H < \left(\frac{P_C}{P_W}\right)^W < \left(\frac{P_C}{P_W}\right)^F$) 进行贸易时,其各自消费组合点分别为点 C^H 和 C^F 。于是,本国出口 C_{BD}^H 单位布进口 W_{DC}^H 酒,外国出口 W_{BD}^F 单位酒进口 C_{DC}^F 布。我们发现贸易后,两国分别可以在各自原本不可能生产组合点处消费,本国的效用水平由 U_1^H 上升到 U_2^H ,同时外国的效用水平由 U_1^F 上升到 U_2^F ,贸易使两国均获益。

思考:

[3.8] 为什么图 3.12 (a) 和图 3.12 (b) 中本国和外国的孤立的均衡点分别为点 A^H 和 A^F ?

[3.9] 为什么图 3.12 (a) 和图 3.12 (b) 中本国在布的生产上有比较优势,而外国在酒的生产上有比较优势?

[3.10] 为什么贸易后本国要专业化生产布,外国要专业化生产酒?

[3.11] 为什么世界相对交易价格要介于本国和外国国内均衡相对价格之间,即 $\left(\frac{P_C}{P_W}\right)^H < \left(\frac{P_C}{P_W}\right)^W < \left(\frac{P_C}{P_W}\right)^F$?

[3.12] 为什么贸易后本国和外国生产组合点分别为 B^H 和 B^F ,消费组合点分别为

点 C^H 和 C^F？

[3.13] 图 3.12（a）和图 3.12（b）所示的本国与外国的贸易实现均衡了吗？

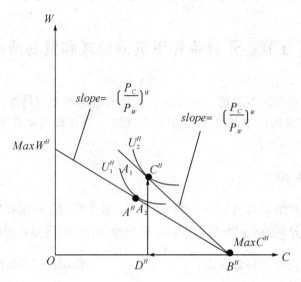

图 3.12（a）　开放条件下本国的贸易情况（固定成本）

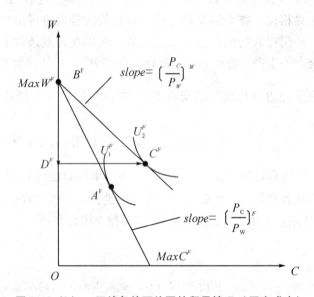

图 3.12（b）　开放条件下外国的贸易情况（固定成本）

二、成本递增条件下

成本递增条件下的生产可能性边界是凹向原点的。如图 3.13（a）和图 3.13（b）所示，孤立状态下本国和外国的均衡点分别为点 A^H 和 A^F，它们既是两国的生产组合点又是消费组合点，国内均衡价格分别为 $\left(\dfrac{P_C}{P_W}\right)^H$ 和 $\left(\dfrac{P_C}{P_W}\right)^F$，两国此时的效用水平分别由社会无差异曲线 U_1^H 和 U_1^F 代表。图 3.13（a）所示本国生产可能性边界与图 3.13（b）

所示外国生产可能性边界相比，形状较扁平，由比较优势理论可推知，本国在布的生产上有比较优势，外国在酒的生产上有比较优势，所以在开放条件下，本国会偏向于更多地生产布，而外国会倾向于更多地生产酒。假定布和酒的国际市场相对贸易价格为 $\left(\frac{P_C}{P_W}\right)^W$（$\left(\frac{P_C}{P_W}\right)^H < \left(\frac{P_C}{P_W}\right)^W < \left(\frac{P_C}{P_W}\right)^F$），则开放条件下本国的生产组合点和消费组合点分别为 B^H 和 C^H，外国的生产组合点和消费组合点分别为 B^F 和 C^F。于是，本国出口 C^H_{BD} 单位布进口 W^H_{DC} 单位酒，外国进口 C^F_{DC} 单位布出口中 W^F_{BD} 单位酒。此时，本国的效用水平由 U^H_1 提高到 U^H_2，外国的效用水平由 U^F_1 提高到 U^F_2，两国均从贸易中获益。

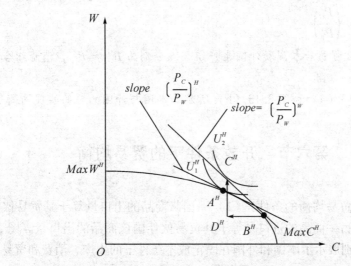

图 3.13（a）　开放条件下本国的贸易情况（成本递增）

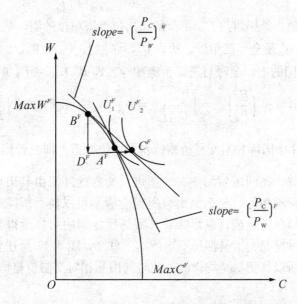

图 3.13（b）　开放条件下外国的贸易情况（成本递增）

思考:

　　[3.14] 为什么图3.13（a）和图3.13（b）中本国和外国的孤立的均衡点分别为点 A^H 和 A^F？

　　[3.15] 为什么图3.13（a）和图3.13（b）中本国在布的生产上有比较优势，而外国在酒的生产上有比较优势？

　　[3.16] 为什么贸易后本国倾向于更多地生产布，外国倾向于更多地生产酒？

　　[3.17] 为什么世界相对交易价格要介于本国和外国国内均衡相对价格之间，即 $\left(\dfrac{P_C}{P_W}\right)^H < \left(\dfrac{P_C}{P_W}\right)^W < \left(\dfrac{P_C}{P_W}\right)^F$？

　　[3.18] 为什么贸易后本国和外国生产组合点分别为 B^H 和 B^F，消费组合点分别为点 C^H 和 C^F？

　　[3.19] 图3.13（a）和图3.13（b）所示的本国与外国的贸易实现均衡了吗？

第六节　开放条件下的贸易均衡

　　在两国模型中贸易均衡的条件：（1）一国某商品的出口量等于其贸易伙伴国该商品的进口量；一国另一商品的进口量等于其贸易伙伴国该商品的出口量。图3.12（a）和图3.12（b）分别展示了本国和外国在固定成本条件下的生产、消费和贸易状态。由上文第五节的分析可知，当国际市场交易相对价格为 $\left(\dfrac{P_C}{P_W}\right)^W$ 时，本国出口 C_{BD}^H 单位的布进口 W_{DC}^H 单位的酒，外国进口 C_{DC}^F 单位的布出口 W_{BD}^F 单位的酒。从图中可以看出贸易三角形 BCD^H 与 BCD^F 是全等三角形，所以 $C_{BD}^H = C_{DC}^F$ 且 $W_{DC}^H = W_{BD}^F$，满足贸易均衡的第一个条件。（2）一国的出口金额与进口金额相等，即 $P_C^W C_{BD}^H = P_W^W W_{DC}^H$ 或 $P_C^W C_{DC}^F = P_W^W W_{BD}^F$，将其进行变形可得 $\left(\dfrac{P_C}{P_W}\right)^W = \left(\dfrac{W_{DC}}{C_{BD}}\right)^H = \left(\dfrac{W_{BD}}{C_{DC}}\right)^F$。我们知道 $\left(\dfrac{P_C}{P_W}\right)^W$，$\left(\dfrac{W_{DC}}{C_{BD}}\right)^H$ 和 $\left(\dfrac{W_{BD}}{C_{DC}}\right)^F$ 均为图3.12中国际相对交易价格线斜率的绝对值，即三者相等可证。从另一个层面也可以这样理解，在两国贸易中，一国进口所需的外汇由其出口挣得，如果一国出口金额与进口金额不相等，要么是出口所得金额不足以换回所需进口品，要么是出口所得金额超出进口所需金额，也意味着其贸易伙伴国的出口所得金额不足以支撑其进口需求，无论哪种情况，贸易都是不均衡的。总之，图3.12所述贸易情况符合贸易均衡的两个条件，所以其贸易是均衡的，此时的国际相对交易价格即为均衡交易价格，即 $\left(\dfrac{P_C}{P_W}\right)^W = \left(\dfrac{P_C}{P_W}\right)^E$。

思考：

[3.20] 再次思考图 3.13（a）和图 3.13（b）所示的情况中贸易均衡了吗？为什么？怎样调整才能均衡呢？

[3.21] 如何找到使得贸易均衡的国际相对交易价格 $\left(\dfrac{P_C}{P_W}\right)^E$？

第七节　不完全分工

观察图 3.12（a）和（b）与图 3.13（a）和（b），很容易发现在开放市场上，固定成本假设前提下与成本递增假设前提下，其分工后的生产组合点有所不同。具体来讲，固定成本假设下，本国和外国在分工后会专门化生产其具有比较优势的产品（图 3.12（a）中的 B^H 点和图 3.12（b）中的 B^F 点），即完全分工；而成本递增假设下，本国和外国分工后也会更多地生产其具有比较优势的产品，但不会再专门化生产（图 3.13（a）中的 B^H 点和图 3.13（b）中的 B^F 点），也即不完全分工。为什么呢？在成本递增假设前提下，当本国具有比较优势的产品布的产量不断增加时，其机会成本在不断增加，也即需要牺牲的酒的产量不断增加；当外国具有比较优势的产品酒的产量不断增加时，其机会成本也在不断增加，即需要牺牲的布的产量不断增加。所以，本国生产组合点在从 A^H 向 B^H 的方向移动的过程中，酒转换为布的边际转换率不断增大，即其在布产品上的比较优势不断减弱；外国生产组合点在从 A^F 向 B^F 的方向移动的过程中，布转换为酒的边际转换率也不断增大，即其在酒产品上的比较优势在不断减弱。本国在 B^H 点和外国在 B^F 点时两国布和酒的边际转换率相等，也即两国的比较优势消失。所以，不再有进一步分工的动力，由此导致不完全分工。

思考：

[3.22] 成本递增情况下，贸易有没有可能导致完全分工呢？固定成本情况下，贸易有没有可能导致不完全分工呢？

第八节　消费偏好与国际贸易

消费偏好在很大程度上决定着消费者消费什么以及消费多少。由本章第四节的分析可知，理性的消费者会在预算约束条件下尽可能最大化自己的效用。消费对国际贸易的影响是显而易见的。简单来讲，如果一个国家对某种进口商品的需求量增大（减少），则要么通过增加（减少）国内生产来保持国内市场均衡，要么通过增加（减少）进口来保持国内市场均衡；如果一个国家对某种出口商品的需求量增大（减少），则要么通过增加（减少）国内生产来保持国内市场均衡，要么通过减少（增加）出口来保持国内市场均衡。

假定两国（本国（H）和外国（F））分别生产两种商品（布（C）和酒（W）），图3.14（a）和（b）分别展示了本国和外国贸易前后的情况。为了更好地分析消费偏好对国际贸易的影响，我们假定两国的生产情况是一模一样的，即本国的生产可能性边界 PPF^H 与外国的生产可能性边界 PPF^F 完全相同。贸易前，本国和外国的均衡生产点同时也是均衡消费点分别为 A^H 和 A^F，此时两国国内的相对均衡价格分别为 $\left(\dfrac{P_C}{P_W}\right)^H$ 和 $\left(\dfrac{P_C}{P_W}\right)^F$，在本例中 $\left(\dfrac{P_C}{P_W}\right)^H < \left(\dfrac{P_C}{P_W}\right)^F$，两国的效用水平分别为 U_1^H 和 U_1^F。假定世界市场上相对交换价格为 $\left(\dfrac{P_C}{P_W}\right)^W$，$\left(\dfrac{P_C}{P_W}\right)^H < \left(\dfrac{P_C}{P_W}\right)^W < \left(\dfrac{P_C}{P_W}\right)^F$。贸易后，本国的生产组合点和消费组合点分别为 B^H 和 C^H，外国的生产组合点和消费组合点分别为 B^F 和 C^F，本国出口 X_C^H 单位的布进口 M_W^H 单位的酒，而外国进口 M_C^F 单位的布出口 X_W^F 单位的酒。本国的效用水平得以从 U_1^H 提升到 U_2^H，外国的效用水平得以从 U_1^F 提升到 U_2^F，两国皆从贸易中获益。

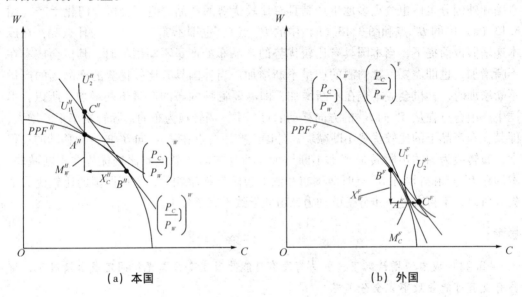

（a）本国　　　　　　　　　　　（b）外国

图 3.14　消费偏好与国际贸易（成本递增）

思考：

[3.23] 外国贸易前的国内均衡价格有可能等于或者小与本国贸易前的国内均衡价格么，即 $\left(\dfrac{P_C}{P_W}\right)^H =$ 或 $> \left(\dfrac{P_C}{P_W}\right)^F$？如果可能，则贸易结果会有什么不同？

[3.24] 根据绝对优势理论，图3.14中的本国和外国有贸易的可能吗？如果有，贸易模式是什么？如果没有，为什么？根据比较优势理论呢？

[3.25] 图3.14中所示的本国和外国的贸易是均衡的吗？为什么？

[3.26] 除了图 3.14 所选择的世界市场相对交易价格 $\left(\dfrac{P_C}{P_W}\right)^W$，还有没有别的两国均可接受的相对交易价格？是什么？

[3.27] 如何使图 3.14 中的本国和外国实现贸易均衡？

阅读 3.2

以杰文斯、瓦尔拉斯和马歇尔为代表的新古典经济学家普遍使用基数效用来分析消费者的选择行为。基数效用论认为，效用如同长度、重量等概念一样，具有计量单位，可以用基数给予标值。所谓基数效用，就是用基数数值来度量的心理满足程度。在基数效用概念基础上，新古典经济学家就可以对消费者购买、消费商品时所带来的效用进行大小比较与加总求和，还可以运用微积分来计算消费者增加商品消费时所带来的效用变化。

然而，作为主观范畴的效用是不可精确计量的，因此，基数效用理论需要新的发展。帕雷托从消费者偏好某一种商品的直接经验事实出发，分析消费者对不同商品的态度，提出消费偏好的概念。他以消费者行为代替消费者感觉，得到一个新的分析工具，即无差异曲线。他认为，通过收集偏好随物价变动而变动的资料，可以分析和研究消费者行为，当获得足够多的数据时，就可以画出无差异曲线。希克斯和艾伦（1934）在"无差异曲线"的基础上对效用进行了重新诠释，提出了偏好尺度概念，即根据偏好次序比较效用的大小。他们认为，消费者在市场上所做的并不是权衡商品效用的大小，而只是在不同的商品之间进行排序。

综上所述，基数效用论着重以效用为基础，建立在效用基数可计量的前提下，认为消费者市场上的选择行为是以效用最大化为目标，从而"效用"便成为其理论的核心。序数效用论认为效用不可计量，偏好则可以排序，序数效用论者找到了"偏好"这一新的分析工具，从这一角度来看，新古典理论中偏好与效用实质是相同的，效用理论也就是偏好理论，两者之间没有本质区别。

资料来源：周小亮，笪贤流、效用、偏好与制度关系的理论探讨——反思消费者选择理论偏好稳定之假设［J］. 学术月刊，2009（1）：75-85.

第四章 出口供给曲线、
进口需求曲线、提供曲线和贸易条件

在前面几章的学习过程中，我们大多假定相对交易价格是已知的，但在现实贸易中相对交易价格并非任意指定的。那么到底令贸易双方都接受、都满意的相对交易价格是什么？如何确定呢？本章主要围绕均衡相对交易价格的确定展开，主要包括以下几个知识点：出口供给曲线、进口需求曲线、提供曲线、局部均衡、一般均衡以及贸易条件。

第一节 出口供给曲线

假定两个国家（本国（H）和外国（F））生产两种产品（布（C）和酒（W）），本国在布的生产上具有比较优势，外国在酒的生产上具有比较优势，根据比较优势理论，本国会出口布进口酒，外国会出口酒进口布。本国市场上布的供给和需求如图 4.1（a）所示。孤立状态下，本国布的国内均衡价格为 $P_C^{H,E}$。开放条件下，如果布的国际交易价格恰好为 $P_C^{H,E}$，则本国不会向外国出口任何布，因为其国内布的生产（供给）量刚好等于其国内消费（需求）量（均为 $C^{H,E}$），即图 4.1（b）中价格 $P_C^{H,E}$ 对应的出口供给量为 0（点 A）。如果布的国际交易价格为 $P_C^{W,1}$ 且 $P_C^{W,1} > P_C^{H,E}$，则本国会出现供过于求的现象（$C_S^{H,1} > C_D^{H,1}$），生产（供给）量为 $C_S^{H,1}$，其中 $C_D^{H,1}$ 满足国内消费者的消费需求，差额部分用来出口，即 $C_S^{H,1} - C_D^{H,1}$（如图 4.1（a）所示）。也就是说，在图 4.1（b）中价格 $P_C^{W,1}$ 对应的布的出口量为 $X_C^{H,1} = C_C^{H,1} - C_D^{H,1}$（点 B）。以此类推，可在图 4.1（b）中推得无数个价格与出口供给量的组合，将这些组合用平滑的线连接起来，就得到布的出口供给曲线 XS（Export Supply Curve）。

观察图 4.1（b）发现，出口供给曲线有以下特点：

（1）斜率为正，也即向右上方倾斜；

（2）与纵坐标轴（即价格轴）相交于出口国内封闭状态下的均衡价格点；

（3）斜率较国内供给曲线小，也即出口供给曲线比国内供给曲线更平坦。

思考：

[4.1] 为什么出口供给曲线比国内供给曲线更平坦呢？这是图 4.1 的特例还是普遍情况呢？

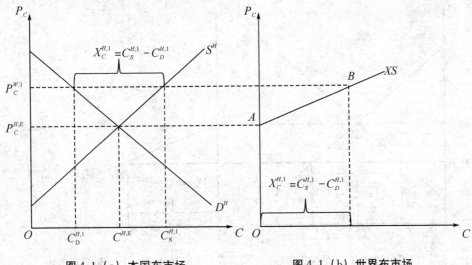

图 4.1（a）本国布市场　　　　　图 4.1（b）世界布市场

[4.2] 交易价格可以低于封闭状态下出口国的国内均衡价格 $P_C^{H,E}$ 吗？假定交易价格为 $P_C^{W,2}$ 且 $P_C^{W,2} < P_C^{H,E}$，本国国内和世界市场分别会发生什么情况？

[4.3] 试分析酒的出口供给曲线。

第二节　进口需求曲线

假设条件与出口供给曲线相同。外国市场上布的供给和需求如图 4.2（a）所示。孤立状态下，外国布的均衡价格为 $P_C^{F,E}$。开放条件下，如果布的交易价格恰好为 $P_C^{F,E}$，则外国不会向本国进口任何布，因为其国内布的消费（需求）量刚好等于生产（供给）量（均为 $C^{F,E}$），即图 4.2（b）中价格 $P_C^{F,E}$ 对应的进口需求量为 0（点 A）。如果布的交易价格为 $P_C^{W,1}$ 且 $P_C^{W,1} < P_C^{F,E}$，则本国会出现供不应求的现象（$C_S^{F,1} < C_D^{F,1}$），消费（需求）量为 $C_D^{F,1}$，其中 $C_S^{F,1}$ 可由国内生产者的生产来满足，差额部分 $C_D^{F,1} - C_S^{F,1}$ 需要进口（如图 4.2（a）所示）。也就是说，在图 4.2（b）中价格 $P_C^{W,1}$ 对应的布的进口量为 $M_C^{F,1} = C_D^{F,1} - C_S^{F,1}$（如图 4.2（b）点 B 所示）。以此类推，可在图 4.2（b）中推得无数个价格与进口需求量的组合，将这些组合用平滑的线连接起来，就得到布的进口需求曲线 MD（Import Demand Curve）。

观察图 4.2（b）发现，进口需求曲线有以下特点：

（1）斜率为负，也即向右下方倾斜；

（2）与纵坐标轴（即价格轴）相交于进口国封闭状态下的国内均衡价格点；

（3）斜率绝对值较国内需求曲线小，也即进口需求曲线比进口国内需求曲线更平坦。

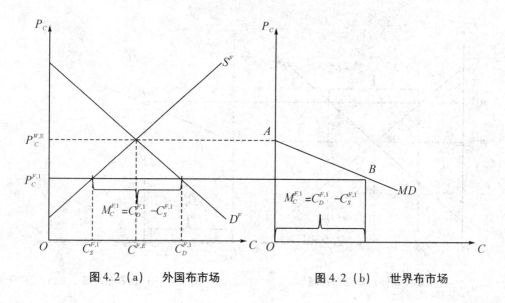

图 4.2（a） 外国布市场　　　图 4.2（b） 世界布市场

思考：

[4.4] 为什么进口需求曲线比国内需求曲线更平坦呢？这是图 4.2 的特例还是普遍情况呢？

[4.5] 国际交易价格可以高于进口国封闭状态下的国内均衡价格 $P_C^{F,E}$ 吗？假定国际交易价格为 $P_C^{W,2}$ 且 $P_C^{W,2} > P_C^{F,E}$，外国国内和世界市场分别会发生什么情况？

[4.6] 试推导酒的进口需求曲线。

第三节　开放条件下的局部均衡

由第 3 章内容可知，开放条件下均衡状态有两个特点，其中之一为"出口供给量与进口需求量相等"。由本章第一和第二小节的分析可知，出口供给量与进口需求量都与国际交易价格密切相关。图 4.3 将图 4.1（b）和图 4.2（b）结合起来，从中我们发现，出口供给曲线与进口需求曲线的交点 E 所指示的出口供给量与进口需求量相等，即 $X_C^{H,E} = M_C^{F,E} = C^{W,E}$，此时的价格 $P_C^{W,E}$ 为世界市场上布的均衡交易价格，E 点为均衡点。当布的世界市场价格为 $P_C^{W,1}$（$P_C^{W,1} > P_C^{W,E}$）时，布的出口供给量 $X_C^{H,1}$ 大于进口需求量 $M_C^{F,1}$，即 $C_S^{W,1} > C_D^{W,1}$，此时世界市场上存在供大于求的现象，所以价格有下行压力，直至回到均衡价格 $P_C^{W,E}$ 为止。

思考：

[4.7] 请结合图 4.3 分析当布的世界市场价格为 $P_C^{W,2}$（$P_C^{W,2} < P_C^{W,E}$）时，本国、外国和世界的布市场是怎样的？世界市场价格会发生什么变化？

[4.8] 除均衡价格 $P_C^{W,E}$ 外，世界市场怎样为布定价，本国与外国是有进行贸易的

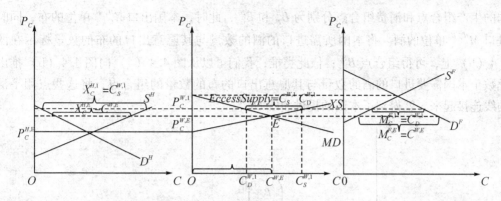

图 4.3（a） 本国布市场 图 4.3（b） 世界布市场 图 4.3（c） 外国布市场

可能的？在各种可能的贸易价格下，布的贸易模式是怎样的？试举例说明。

[4.9] 试画图分析酒的世界市场均衡价格 $P_W^{W,\ E}$ 如何确定？

[4.10] 除均衡价格 $P_W^{W,\ E}$ 外，世界市场怎样为酒定价，本国与外国是有进行贸易的可能的？在各种可能的贸易价格下，酒的贸易模式是怎样的？试举例说明。

第四节　提供曲线与一般均衡

通过分析出口供给曲线和进口需求曲线，可以快速准确得出某一商品的均衡交易价格和均衡贸易量。然而，只有当所有商品都处于均衡状态时，世界市场才能实现真正的一般性均衡。与局部均衡只需考虑部分国家或商品不同，一般均衡需要同时考虑所有的国家和所有的商品，本章第一、二和三节以布为例运用出口供给曲线和进口需求曲线这一工具分析了本国、外国及世界市场上布的均衡；诚然，重复第一、二和三节所示过程可以得到本国、外国及世界市场上酒或任何其他商品的均衡。过程的重复不仅工作量大，而且效率低。提供曲线为一般均衡分析提供了便利。

提供曲线（OC，Offer Curve），又称为相互需求曲线，由两名英国经济学家 Alfred Marshall（阿尔弗雷德·马歇尔）和 Francis Ysidro Edgeworth（弗朗西斯·伊西德罗·埃奇沃思）于 20 世纪初共同提出。提供曲线反映了一国为进口一定量所需商品所愿意出口的另一商品的数量。

一国的提供曲线可以从它的生产可能性边界、无差异曲线和可能发生贸易的相对商品交易价格推导得出。图 4.4（a）展示了本国的生产可能性边界和社会无差异曲线，开放条件下，当世界市场上的布和酒的相价格为 1（$\left(\dfrac{P_C}{P_W}\right)^W = 1$）时，本国的生产组合点与消费组合点分别为 A_P^H 和 A_C^H，此时，本国出口 $X_C^{H,\ A}$ 单位的布，同时进口 $M_W^{H,\ A}$ 单位的酒。将本国所需进口的酒的数量与其愿意出口的布的数量标示在图 4.4（b）上，可得组合点 A^H；当世界市场相对交易价格变为 $\left(\dfrac{P_C}{P_W}\right)^W = 1/2$ 时，如图 4.4（a）所示，本国的生产组合点和消费组合点分别为 B_P^H 和 B_C^H ，此时，本国出口 $X_C^{H,B}$ 单位的布，同时进口 $M_W^{H,B}$ 单位的酒。将本国所需进口的酒的数量与其愿意出口的布的数量标示在图 4.4（b）上，可得组合点 B^H ；依此类推，我们可以从图 4.4（a）向图 4.4（b）推出无数个本国需要进口的酒的数量与其愿意出口的布的数量的组合点，将这些点用平滑的线连接起来，就得到了本国的提供曲线 OC^H 。

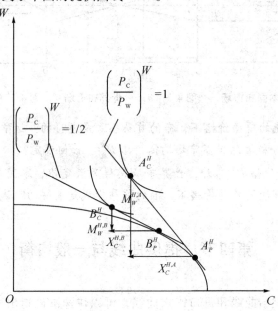

图 4.4（a）　本国的生产和消费

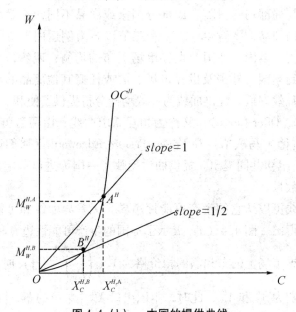

图 4.4（b）　本国的提供曲线

图 4.5（a）展示了外国的生产可能性边界和社会无差异曲线，在开放条件下，当

世界市场上的布和酒的相对价格为 1（$\left(\dfrac{P_C}{P_W}\right)^W = 1$）时，外国的生产组合点与消费组合

点分别为 A_P^F 和 A_C^F，此时，外国出口 $X_W^{F,\,A}$ 单位的酒，同时进口 $M_C^{F,\,A}$ 单位的布。将外国
所需进口的布的数量与其愿意出口的酒的数量标示在图 4.5（b）上，可得组合点 A^F；

当世界市场相对交易价格变为 $\left(\dfrac{P_C}{P_W}\right)^W = 1/2$ 时，如图 4.5（a）所示，外国的生产组合

点和消费组合点分别为 B_P^F 和 B_C^F，此时，外国出口 $X_W^{F,\,B}$ 单位的酒，同时进口 $M_C^{F,\,B}$ 单位
的布。将外国所需进口的布的数量与其愿意出口的酒的数量标示在图 4.5（b）上，可
得组合点 B^F。依此类推，我们可以从图 4.5（a）向图 4.5（b）推出无数个外国需要
进口的布的数量与其愿意出口的酒的数量的组合点，将这些点用平滑的线连接起来，
就得到了外国的提供曲线 OC^F。

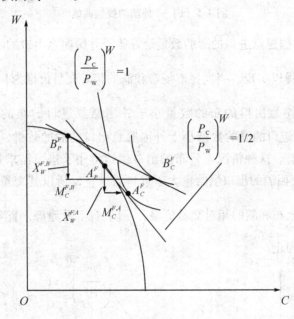

图 4.5（a）　外国的生产和消费

思考：

[4.11] 连接图 4.4（b）原点与提供曲线上任一点（如点 A^H 或点 B^H）的射线的
斜率有什么经济学含义么？为什么？图 4.5（b）呢？

[4.12] 什么情况下，图 4.4（b）中的提供曲线会取到原点的位置？图 4.5
（b）呢？

图 4.6 将本国的提供曲线和外国的提供曲线合并起来，两者相交于点 E，连接原
点与点 E 可得一条射线，假定其斜率为 1，也即世界市场布和酒的相对交易价格为
$\left(\dfrac{P_C}{P_W}\right)^W = 1$，此时，本国愿意出口的布的数量恰好等于外国愿意进口的布的数量，即

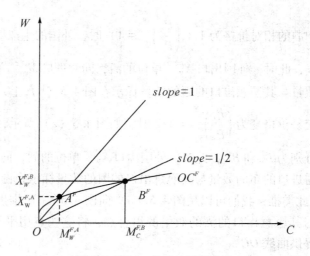

图 4.5 (b)　外国的提供曲线

$X_C^{H,E} = M_C^{F,E}$，而本国愿意进口的酒的数量恰好等于外国愿意出口的酒的数量，即 $M_W^{H,E}$ $= X_W^{F,E}$，一般均衡得以实现。当世界市场布和酒的相对交易价格为 $\left(\dfrac{P_C}{P_W}\right)^W = 1/2$ 时，由图 4.6 可得，本国愿意出口的布的数量小于外国愿意进口的布的数量，即 $X_C^{H,A} < M_C^{F,B}$，而本国愿意进口的酒的数量小于外国愿意出口的酒的数量，即 $M_W^{H,A} < X_W^{F,B}$，未达到一般均衡状态。这种情况下，布的出口供给量小于进口需求量，所以其交易价格 P_C^W 有上行压力，而酒的出口供给量大于进口需求量，所以其交易价格 P_W^W 有下行压力，于是世界市场上布和酒的相对交易价格 $\left(\dfrac{P_C}{P_W}\right)^W$ 有上升趋势，直至达到均衡价格 1，重新实现一般均衡为止。

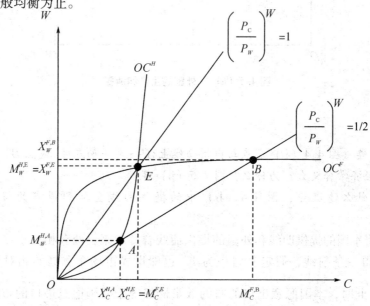

图 4.6　提供曲线与一般均衡

思考：

[4.13] 若世界市场布和酒的相对交易价格为 $\left(\dfrac{P_C}{P_W}\right)^W = 2$ 时，试借助图4.6分析交易价格的变动情况，并说明原因。

阅读4.1

Francis Ysidro Edgeworth（弗朗西斯·伊西德罗·埃奇沃思），1845—1926年，爱尔兰哲学家和政治经济学家。Edgeworth的研究涉及文学、哲学、概率论、统计学、经济学等领域。Edgeworth非常多产，初步统计，他在多个领域创作了超过500部（篇）专著、论文及书评。

Edgeworth是新古典经济学发展史上一位十分具有影响力的人物，他是第一个将某些形式化的数学方法应用于经济学中的个体决策问题的学者。1881年发表的 Mathematical Psychics：An Essay on the Application of Mathematics to the Moral Sciences（《数理心理学：关于在道德科学中使用数学方法》）的论文，是他在经济学领域内最著名也是最富有原创性和创造力的一篇论文。

他将"一般效用函数"引入到经济学中，认为一个商品的效用不仅依赖于所消费该商品的数量，而且依赖于个人消费其他商品的数量，从而将替代性和互补性问题引入到了效用理论中。他发展了效用理论，引入了"无差异曲线"，这些都是现在微观经济学中的基本理论。

Edgeworth杰出的经济学贡献不仅体现在他所提出的诸多理论，而且在于他对许多人的研究都有所影响。例如，他所提出的著名的"埃奇沃思盒"，是一种代表了各种资源分配方式的矩形图表。后来经过意大利经济学家帕累托（Pareto V, 1848—1923年）和英国经济学家希克斯（Hicks J R, 1904—1989年）等人的发展，成为西方经济学中的重要分析工具之一。而"埃奇沃思盒状图"的分析方法也被帕累托在1960年进一步发展，形成了类似的"帕累托盒装图"。

资料来源：张希萌，徐泽林. 概率统计学家埃奇沃思的学术成就 [J]. 咸阳师范学院学报，2016（6）：34-38.

阅读4.2

Alfred Marshall（阿尔弗雷德·马歇尔），1842—1924年，近代英国最著名的经济学家，新古典学派的创始人，剑桥大学经济学教授，19世纪末和20世纪初英国经济学界最重要的人物。在Marshall的努力下，经济学从仅仅是人文学科和历史学科的一门必修课发展成为一门独立的学科，具有与物理学相似的科学性。剑桥大学在他的影响下建立了世界上第一个经济学系。

他1890年的著作 Principles of Economics（《经济学原理》）几乎将整个经济学大厦中的各个经济理论都加以整理和精炼，综合起来构成了一个新的体系，成为使用时间最长的经济学教材之一，是新古典经济学和剑桥学派的奠基之作，促成古典经济学向现代经济学过渡。这本书留给读者的主要印象，是在"读一种关于十分浅显易懂的问题的解说"。

Marshall 把"理解和观察"的能力作为优秀经济学家的必需，推崇德国学者杜能将事实合理分类、整理、分析，继而推出一般结论的研究方法。Marshall 认定"政治经济学是对人类日常行为的研究"，决不研究"与真实生活状况不符的虚构问题"。

Marshall 下功夫探究心理学，强调思维模型对经济过程的影响机制。1923 年圣诞节晚宴时，他说："如果我可以再活一遍，我会把我一生贡献给心理学。"

Marshall 在泰勒商业学校时，就被老师认定为有很好的数学天赋，获得过数学大奖。研究生就读时，曾打算献身于分子物理学研究。扎实的数理训练在经济学研究中起了很大作用，使他成为"图解经济学的奠基人"。难能可贵的是，他清醒地认识到数学工具的局限。认为"一个数学定理加上一个经济学假设不大可能得到好的经济学理论"，"数学仅仅是一种简洁的表达，而不是探索的动力"。

资料来源：谢建江，杜益民. 真实经济世界的研究者英国经济学家阿尔弗雷德·马歇尔评述［J］. 2017（2）：106–111.

第五节　局部均衡与一般均衡

由一般均衡是可以推得局部均衡的。以布为例，图 4.6 展示了本国和外国的提供曲线，由本章第四节的分析可知，均衡点为 E，均衡相对交易价格为 $\left(\frac{P_C}{P_W}\right)^W = 1$，此时布的出口供给量与进口需求量相等，即 $X_C^{H,\,E} = M_C^{F,\,E}$。将这一信息转移到图 4.7 所示的布的世界市场上，找到相对交易价格 $\left(\frac{P_C}{P_W}\right)^W = 1$ 对应的布的出口供给量 $X_C^{H,\,E}$ 与进口需求量 $M_C^{F,\,E}$，由于两者相等，所以两点重叠为 E 点。若相对交易价格 $\left(\frac{P_C}{P_W}\right)^W = 1/2$，如图 4.6 所示，布的出口供给量和进口需求量分别为 $X_C^{H,\,A}$ 和 $M_C^{F,\,B}$，且 $X_C^{H,\,A} < M_C^{F,\,B}$。将相对价格与布的出口供给量和进口需求量的对应关系分别转移到图 4.7，我们得到组合点 A 和 B。在图 4.7 上用平滑的线连接点 E 和 A，我们得到布的出口供给曲线，同样，用平滑的线连接点 E 和 B，我们得到布的进口需求曲线。出口供给曲线与进口需求曲线相交于均衡点 E，均衡价格为 1，均衡贸易量为 $X_C^{H,\,E} = M_C^{F,\,E}$。当相对交易价格为 1/2 时，布在世界市场上存在供不应求的现象，布的价格存在上行压力，不考虑酒市场的话，相对交易价格 $\left(\frac{P_C}{P_W}\right)^W$ 也有上行压力，直至回到均衡价格 1 为止。由此，我们得出结论：当一般均衡实现时，布这一商品的局部均衡是成立的。同理可证，当一般均衡实现时，酒这一商品的局部均衡也是成立的。反之，当布和酒均处于均衡状态时，一

般均衡也得以实现。换而言之，当所有的局部均衡同时实现时，即可达到一般均衡状态。

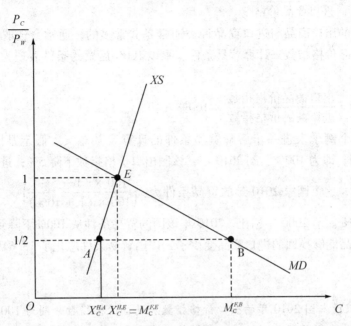

图 4.7   世界市场上布的局部均衡

思考：

[4.14]   如果相对交易价格 $\left(\dfrac{P_C}{P_W}\right)^W = 3/2$，试用图 4.6 和 4.7 分析布的世界市场情况及相对价格变动。

[4.15]   试参照上述过程分析一般均衡与酒的局部均衡之间的关系。

[4.16]   已知布或酒实现了局部均衡，一般均衡一定成立么？

[4.17]   为什么商品市场上存在供不应求（供过于求）现象时，商品价格有上（下）行趋势？

第六节   贸易条件

一国的贸易条件（Terms of Trade）是指该国出口商品价格与进口商品价格的比值（公式 4.1）。贸易条件是衡量一国一定时期出口盈利能力的重要指标。在一定时期内，如果出口一单位商品所能换回的进口商品增加（减少），我们认为该国贸易条件得到了改善（恶化）。贸易条件值越大（小），代表同量出口品能够换回的进口品数量越多（少），也即贸易条件改善（恶化）。在两个国家的假设前提下，一国的出（进）口即为其贸易伙伴国的进（出）口，所以两国的贸易条件互为倒数。一国贸易条件的改善

（恶化）必然会带来其贸易伙伴国贸易条件的恶化（改善）。

$$贸易条件 = \frac{出口商品价格}{进口商品价格} \qquad （式4.1）$$

由于一国的出口商品与进口商品种类通常是非常多的，通常会选取出口商品价格指数和进口商品价格指数来计算贸易条件。乘以100%后贸易条件表现为百分数的形式（公式4.2）。

$$贸易条件 = \frac{出口商品价格指数}{进口商品价格指数} \times 100\% \qquad （式4.2）$$

我们用一个例子来进一步解释贸易条件的计算及其意义。假定某国贸易条件以2000年为基期，即为100%。到2010年，该国出口价格指数下降5%；进口价格指数上升10%。那么，这个国家2010年的贸易条件为 $\left(\frac{100 \times (1-5\%)}{100 \times (1+10\%)}\right) \times 100\% = \frac{95}{110} \times 100\% = 86.36\%$。与2000年相比，2010年该国的贸易条件从100%下降到86.36%，也即单位出口产品能够换回的进口产品变少了，该国贸易条件恶化了13.64%。

思考：

[4.18] 假设本国2010年的出口价格指数和进口价格指数分别为100和100，2016年的出口价格指数增长了20%，进口价格指数减少了20%，试求本国在2010年和2016年的贸易条件分别是什么？贸易条件是改善了还是恶化了？这意味着什么？在两国模型中，外国在2010年和2016年的贸易条件分别是什么？贸易条件是改善了还是恶化了？这意味着什么？

阅读4.3

2009年，经历金融危机洗礼的中国成为世界第一大出口国。然而，荣耀背后却隐含着忧虑。例如，中国出口导向型的贸易发展模式导致了中长期的贸易条件恶化。根据世界银行的世界发展指数（WDI）和英国的经济学人情报机构（EIU）提供的数据，如果以1995年为基期，那么中国的净贸易条件已经恶化为2004年的89%和96%，到2007年则进一步恶化为77%和93%。如果中国的贸易条件变化趋势确如上述表明的那样，那将意味着中国从贸易当中所获取的贸易利得正在不断下降，甚至可能发生了所谓的"贫困化增长"（Immiserizing Growth）现象。

大国的出口扩张伴随着出口价格的急剧下降乃至贸易条件的持续恶化，这符合标准Armington（1969）模型的预期。然而，Krugman（1980，1989）、Helpman和Krugman（1985）发展的新贸易理论以及Melitz（2003）开创的企业异质性模型（Heterogeneous Firm Trade Model），通过考虑产品种类的内生变化，却隐含着经历持续出口繁荣的国家并不必然导致贸易条件的恶化。这意味着，扩展的贸易边际（the Extensive Margin）并不是可以被忽略掉的重要性质。特别地，新进的很多经验研究也已经证明，如果刚一国出口增长主要源于扩展的贸易边际，那么将会增加贸易品的种类而不只是贸易量，不仅有利于出口国提升多元化的生产结构，也使逆向贸易条件效应不太可能发生。因此，忽略产品种类对进出口价格指数进而贸易条件的影响，可能导致测度结果出现实质性的偏误。

现有通常用来计算贸易条件的国际贸易进出口价格指数主要采用固定种类商品篮子来构建。为了将纯价格变化从结构效应中区别开来，统计机构往往仅仅追踪有限种类的商品价格，并利用可以加权的进出口价格指数公式进行加总。一般情况下，用来计算进出口价格指数公式主要有拉氏公式（Laspeyres Formula）、帕氏公式（Paasche Formula）和费氏公式（Fisher Formula）。这3个公式在计算价格指数时，没有考虑到产品种类的变化，而事实上，在多位数级产品层次上，一国参与进出口的产品种类是经常变化的。因此，采用上述3个公式计算进出口价格指数和贸易条件，就会因为遗漏产品种类而发生实质性偏误。

资料来源：钱学锋，陆丽娟，等. 中国的贸易条件真的持续恶化了吗？——基于种类变化的再估计［J］. 管理世界，2010（7）：18-29.

第五章 要素禀赋和 H-O 理论

比较优势理论和绝对优势理论就绝对优势或者比较优势来自于哪儿这一问题均没有给予很好的回答，即为什么一国在某种产品的生产上比别的国家绝对成本或机会成本低呢？另一个两者都未明确回答的问题是：贸易究竟会怎样影响贸易双方的收入分配呢？本章将通过学习要素禀赋理论（H-O 理论）对以上两个问题进行解答。

第一节 要素禀赋模型的基本假设

要素禀赋理论（H-O 理论）的基本假设条件与绝对优势理论或比较优势理论相比有所不同，主要有以下几点：

1. 只有两个国家（本国（H）和外国（F）），两种商品（布（C）和酒（W）），两种生产要素（资本（K）和劳动力（L））；

2. 两国在生产同一种商品时使用相同的技术，这意味着如果要素价格在两国是相同的，则两国在生产同一产品时会按照相同的比例投入劳动和资本；

3. 用于生产两种商品的技术是不同的；

4. 在本国和外国，酒都是资本密集型产品，布都是劳动密集型产品；

5. 布和酒生产过程中规模收益不变；

6. 两国在生产过程中均为不完全分工；

7. 两国消费者的需求偏好相同，即两国无差异曲线的位置和形状是完全相同的；

8. 两国的商品和要素市场都是完全竞争的；

9. 生产要素可在国内自由流动，但不可在国与国之间流动；

10. 两国的生产资源都被充分利用；

11. 没有运输和交易等成本，也没有任何限制贸易的关税及非关税壁垒；

12. 两国的贸易是均衡的。

其中，从某种意义上来说，第 6 条和第 12 条既可以说是假设条件，也可以说是推论。

第二节 等产量线

为了更好地理解要素如何作用于生产，我们在这一节先学习等产量线，这对理解

H-O 理论非常有帮助。

一、等产量线的定义和推导

等产量线（Isoquant Curve）是指在技术水平不变的条件下，生产相同产量某一产品的两种投入要素的各种可能组合点的连线。如图 5.1 所示，布的生产要素投入情况，A 点代表同时将 K_C^A 和 L_C^A 单位的资本和劳动力投入布的生产中，假定可得布的产量为 C_1。此时，增加资本的投入至 K_C^B，若要保持产量 C_1 不变，需要减少劳动力的投入至 L_C^B，于是得到新的资本与劳动力的投入组合点 B。继续增加同量的资本投入至 K_C^C，若要保持产量 C_1 不变，需要继续减少劳动力的投入至 L_C^C，于是得到另一新的资本与劳动力的投入组合点 C。依此类推，我们可以得到布产量为 C_1 的无数资本与劳动力的投入组合点 D，E……将这些点用平滑的线连接起来，就得到产量为 C_1 的布的等产量线。通常情况下，随着一种生产要素（K）投入量的增加，其可以替代的另一生产要素（L）的投入量逐渐减少，如图 5.1 所示，$L_C^A - L_C^B > L_C^B - L_C^C$。

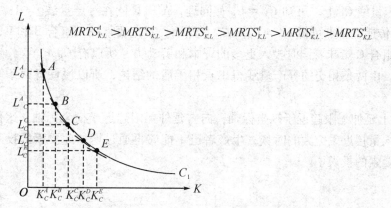

图 5.1　布的等产量线及边际技术替代率

思考：

［5.1］为什么随着一种生产要素（K）投入量的增加，其可以替代的另一生产要素（L）的投入量逐渐减少？这是绝对的吗？相反的情况有可能发生吗？

［5.2］试参照图 5.1 推导酒的等产量线。

二、等产量线的特点

等产量线与社会无差异曲线有些类似，有如下几个主要特点：

1. 向右下方倾斜，斜率为负。为了保持产量不变，增加一种投入要素就必须减少另一种要素的投入量。

2. 等产量线凸向原点。商品生产不能仅依靠单一的生产要素投入，当一种生产要素的投入量逐渐增加时，其对其他生产要素的替代性逐渐减弱，即其所能替代的另一种生产要素的数量逐渐减少。

3. 等产量线上任一生产要素投入组合得到的产量是一样的。

4. 离原点越远的等产量线代表的产量水平越高。如图 5.2 所示，在资本的投入量一定的情况下，要素投入组合 A_1，A_2，A_3 所示的劳动力的投入量逐步增加，所以各点所代表的布的产量也逐步提高，即 $C_{A_1} < C_{A_2} < C_{A_3}$。$A_1$，$A_2$，$A_3$ 分别在等产量线 C_1，C_2，C_3 上，所以 $C_1 < C_2 < C_3$。

5. 可传递性。如图 5.2 所示，与要素投入组合点 A_2 相比，要素投入组合点 B 代表更多的资本要素投入和更少的劳动力要素投入，到底哪个要素投入组合带来的布的产量更大呢？我们可以借助要素投入组合 A_1 来回答这个问题：由上文可知，要素投入组合 A_2 带来的布的产量高于要素投入组合 A_1，即 $C_{A_2} > C_{A_1}$，又已知要素投入组合 A_1 与要素投入组合 B 在同一条等产量线 C_1 上，即 $C_{A_1} = C_B$，由此可得，$C_{A_2} > C_{A_1} = C_B$，即要素投入组合 A_2 带来的布的产量大于要素投入组合 B。

6. 任何两条等产量线不能相交。这可以通过反证法来证明。如图 5.3 所示，等产量线 C_1 和 C_2 相交于 A 点，要素投入组合 B 和 C 分别在等产量线 C_1 和 C_2 上，由于 A 和 B 同在等产量线 C_1 上，可知 $C_A = C_B$；同理，A 和 C 同在等产量线 C_2 上，可知 $C_A = C_C$。由可传递性特点可得 $C_A = C_B = C_C$，然而，对比要素投入组合 B 和 C，我们发现要素投入组合 C 意味着同时投入更多的资本和劳动力，所以有 $C_B < C_C$，这与前面的结论相悖。由两条相交的等产量线得出自相矛盾的结论，所以说任意两条等产量线不相交。

7. 向上延伸无限趋近于纵坐标轴，向右延伸无限趋近于横坐标轴。这代表当某一要素的投入量接近无穷大的时候，生产者已不能够再通过增加此要素的投入量来代替其他生产要素的投入了。

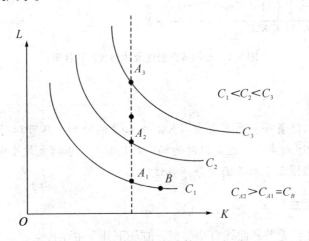

图 5.2　等产量线的特征

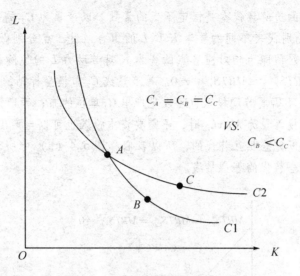

图 5.3　任意两条等产量线不相交

思考：

[5.3]　试分析酒的等产量线特点。

[5.4]　试举一实例解释等产量线的可传递性特征。

[5.5]　等产量线有可能是向右上方倾斜的吗？即斜率有可能为正吗？

三、边际技术替代率（MRTS）

边际技术替代率（MRTS，Marginal Rate of Technological Substitution）是指在产品产量保持不变的前提下，增加一单位某种生产要素投入（比如，资本 K）可以代替的另一种生产要素（比如，劳动力 L）的投入量，即 $\frac{\Delta L}{\Delta K}$。过等产量线上任一点做切线，切线斜率的绝对值即为此点的边际技术替代率 $\frac{\Delta L}{\Delta K}$（如图 5.1 所示）。

在两种生产要素相互替代的过程中，普遍存在这样一种现象：在维持产品产量不变的前提下，当一种生产要素（K）的投入量不断增加时，每一单位这种生产要素所能替代的另一种生产要素（L）的数量是递减的，即 $MRTS_{K,L}^{A} > MRTS_{K,L}^{B} > MRTS_{K,L}^{C} > MRTS_{K,L}^{D} > MRTS_{K,L}^{E}$。这一现象被称为边际技术替代率递减规律。

思考：

[5.6]　边际技术替代率可能是递增或不变的吗？

补充 5.1：等产量线的两个特例

除了图 5.1 至图 5.3 所示的边际技术替代率递减的等产量线外，等产量线还有两种形式。同样以布（C）的生产为例，如图 5.4（a）所示，等产量线为向下倾斜的直线，此时两种生产要素的边际替代率是恒定不变的常数。以产量为 C_2 的等产量线为例，其上 A，B，C 三点分别代表不同的要素 K 和 L 的组合，过三点分别做等产量线 C_2 的切线，切线斜率的绝对值即为相对应各点的资本 K 对劳动力 L 的边际技术替代率，我们发现 $MRTS_{K,L}^A = MRTS_{K,L}^B = MRTS_{K,L}^C \neq 0$。等产量线 C_2 与横坐标轴的交点代表当资本投入量为 $MaxK_C$ 时，不需要劳动投入也可以生产出 C_2 单位的布；等产量线 C_2 与纵坐标轴的交点代表当劳动投入量为 $MaxL_C$ 时，不需要资本投入也可以生产出 C_2 单位的布，也即资本和劳动是可以完全相互替代的，所以我们称图 5.4（a）中所示的等产量线为投入要素之间可以完全替代的等产量线。

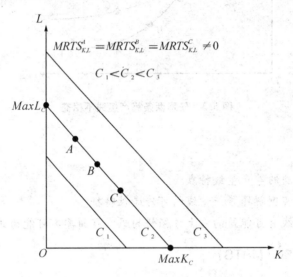

图 5.4（a） K 和 L 可以完全替代时的等产量线

图 5.4（b）展示了呈直角状态的等产量线，此时两种生产要素的边际替代率为 0。以产量为 C_2 的等产量线为例，其上 A，B，C 三点分别代表不同的要素 K 和 L 的组合。与点 B 所代表的要素投入组合相比，点 A 保持资本 K 的投入量不变的同时，追加了劳动 L 的投入，然而布的产量仍然为 C_2；同样的，点 C 保持劳动 L 的投入量不变的同时，追加了资本 K 的投入，然而布的产量仍然为 C_2，这表明资本和劳动之间是完全互补的或者说是完全无法相互替代的，即 $MRTS_{K,L}^A = MRTS_{K,L}^B = MRTS_{K,L}^C = 0$。所以我们称图 5.4（b）中所示的等产量线为投入要素之间完全不能替代的等产量线。图 5.1 至图 5.3 中所示的等产量线被称为投入要素之间可以不完全替代的等产量线。

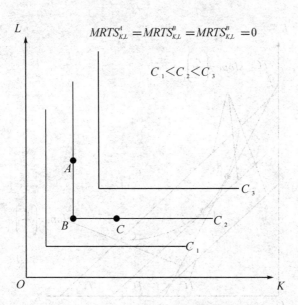

$$MRTS_{K,L}^A = MRTS_{K,L}^B = MRTS_{K,L}^B = 0$$

$C_1 < C_2 < C_3$

图 5.4（b）　K 和 L 完全不可替代时的等产量线

四、要素投入比例、要素价格以及生产成本之间的关系

由上面分析可知，生产同一产量的某种商品，可以通过不同的要素投入比例来实现。那么，究竟哪一种要素投入比才是最合适的呢？这要分析要素投入比与要素价格以及生产成本之间的关系。

依然以布的生产为例。假定资本和劳动力的单价分别为 r 和 w，要素投入量分别为 K_c 和 L_c，则生产总成本为 $TC = rK_c + wL_c$。假定单价 r 和 w 一定，生产总成本 TC 取决于要素投入组合 K_c 和 L_c。如图 5.5 所示，当要素相对价格为 $\left(\dfrac{r}{w}\right)_1$ 时，三条斜率绝对值为 $\left(\dfrac{r}{w}\right)_1$ 的平行线 $TC_{1,1}$，$TC_{1,2}$，$TC_{1,3}$ 代表的生产成本有如下关系 $TC_{1,1} < TC_{1,2} < TC_{1,3}$。我们已知等产量线上的任一要素投入组合点代表的产量水平一样。既要保证布的产量水平 C_1，又要尽量降低成本，理性的生产者会选择在代表生产成本的直线 $TC_{1,2} = r_1 K_c + w_1 L_c$ 与等产量线 C_1 的切点 A_1 进行生产。若改变相对价格为 $\left(\dfrac{r}{w}\right)_2$ 且 $\left(\dfrac{r}{w}\right)_1 < \left(\dfrac{r}{w}\right)_2$，则新的要素投入组合点为直线 $TC_2 = r_2 K_c + w_2 L_c$ 与等产量线 C_1 的切点 A_2。可推知，要素投入组合点的选择与要素相对价格水平 $\dfrac{r}{w}$ 密切相关，当要素相对价格改变时，生产者的要素投入选择也会随之改变。

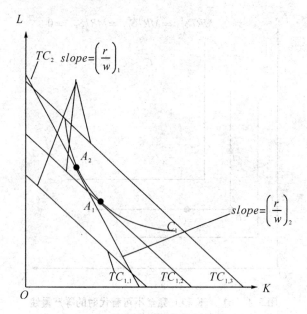

图 5.5　生产和要素相对价格

思考：

[5.7] 当要素相对价格为 $\left(\dfrac{r}{w}\right)_3$ 且 $\left(\dfrac{r}{w}\right)_1 > \left(\dfrac{r}{w}\right)_3$ 时，图 5.5 中保持产量水平 C_1 不变的要素投入组合点怎么确定？

[5.8] 有可能在不增加成本 TC 的前提下获得更高的产量水平 C_2（$C_2 > C_1$）吗？

第三节　要素密集度

要素密集度（Factor Intensity）通常通过生产某种产品所投入的两种生产要素的比例来衡量。若一国生产单位布和单位酒的资本与劳动投入比例分别为 $\left(\dfrac{K}{L}\right)_C$ 和 $\left(\dfrac{K}{L}\right)_W$ 且有 $\left(\dfrac{K}{L}\right)_C < \left(\dfrac{K}{L}\right)_W$，则该国布的生产相对于酒的生产每单位劳动力投入需要投入更少的资本去搭配，所以布相对于酒来讲是劳动密集型产品，而酒相对于布来讲是资本密集型产品。

思考：

[5.9] 上文 $\left(\dfrac{K}{L}\right)_C < \left(\dfrac{K}{L}\right)_W$ 是否意味着生产 1 单位布的资本投入量 K_C 小于生产 1 单位酒的资本投入量 K_W，即 $K_C < K_W$？是否意味着生产 1 单位布的劳动投入量 L_C 大于

生产 1 单位酒的劳动投入量 L_W，即 $L_C > L_W$？为什么？

[5.10] 若本国生产 1 单位布和酒的资本劳动投入比分别为 $\left(\dfrac{K}{L}\right)_C^H$ 和 $\left(\dfrac{K}{L}\right)_W^H$，外国生产 1 单位布和酒的资本劳动投入比分别为 $\left(\dfrac{K}{L}\right)_C^F$ 和 $\left(\dfrac{K}{L}\right)_W^F$，假设 $\left(\dfrac{K}{L}\right)_C^H < \left(\dfrac{K}{L}\right)_W^H$ 和 $\left(\dfrac{K}{L}\right)_C^F < \left(\dfrac{K}{L}\right)_W^F$ 成立，且 $\left(\dfrac{K}{L}\right)_C^H < \left(\dfrac{K}{L}\right)_C^F$，$\left(\dfrac{K}{L}\right)_W^H < \left(\dfrac{K}{L}\right)_W^F$，则本国布和酒分别属于哪种要素密集型产品？外国布和酒分别属于哪种要素密集型产品？为什么？

第四节　要素丰裕度

要素丰裕度（Factor Abundant），又称为要素禀赋（Factor Endowment），通过一国所拥有的两种生产要素的相对比例来衡量。判断一国要素禀赋有两种方法：

1. 实物定义法。用一国所实际拥有的要素总量之比来定义该国的要素禀赋，即 $\dfrac{K}{L}$。若本国拥有的资本和劳动总量分别为 K^H 和 L^H，外国拥有的资本和劳动总量分别为 K^F 和 L^F，且有 $\left(\dfrac{K}{L}\right)^H < \left(\dfrac{K}{L}\right)^F$，则两国相比，本国劳动力相对于资本更丰裕些，外国资本相对于劳动力更丰裕些，所以本国相对于外国为劳动丰裕型国家，外国相对于本国为资本丰裕型国家。

2. 相对要素价格定义法。如果一国劳动力的价格（工资率）和资本的价格（利率）分别为 w 和 r，则其要素禀赋可以用劳动与资本的相对价格来表示，即 $\dfrac{r}{w}$。假设本国的劳动力和资本的价格分别为 w^H 和 r^H，外国的劳动力和资本的价格分别为 w^F 和 r^F，且有 $\left(\dfrac{r}{w}\right)^H > \left(\dfrac{r}{w}\right)^F$，则两国相比，本国的劳动力相对于资本更便宜，外国的资本相对于劳动力更便宜，所以本国相对于外国为劳动力丰裕国家，外国相对于本国为资本丰裕国家。

思考：

[5.11] 上文中 $\left(\dfrac{K}{L}\right)^H < \left(\dfrac{K}{L}\right)^F$ 是否意味着本国的资本总量少于外国（$K^H < K^F$）或本国的劳动力总量多于外国（$L^H > L^F$）？为什么？

[5.12] 上文中 $\left(\dfrac{w}{r}\right)^H < \left(\dfrac{w}{r}\right)^F$ 是否意味着本国的劳动力价格低于外国（$w^H < w^F$）或本国的资本价格高于外国（$r^H > r^F$）？为什么？

第五节　要素密集度、要素丰裕度和生产可能性边界

不同国家的要素禀赋情况不同，不同产品的要素密集度情况也不同，国家的要素禀赋和产品的要素密集度共同决定了不同国家生产可能性边界的形状以及相对位置。

一、本国与外国生产可能性边界的形状

以固定成本为例，当本国专门化生产布时，布的产量达到最大值 $MaxC^H$，当本国专门化生产酒时，酒的产量达到最大值 $MaxW^H$。由第一节的基本假设可知，本国是劳动富裕型国家，布为劳动密集型产品，而酒为资本密集型产品，所以本国更擅长生产布，也即 $MaxC^H > MaxW^H$（如图 5.6（a）所示）。当外国专门化生产布时，布的产量达到最大值 $MaxC^F$，当外国专门化生产酒时，酒的产量达到最大值 $MaxW^F$。由第一节的基本假设可知，外国是资本富裕型国家，布为劳动密集型产品，而酒为资本密集型产品，所以外国更擅长生产酒，也即 $MaxC^F < MaxW^F$（如图 5.6（b）所示）。同样的，在成本递增条件下，本国与外国生产可能性边界的形状如图 5.7（a）和图 5.7（b）所示。

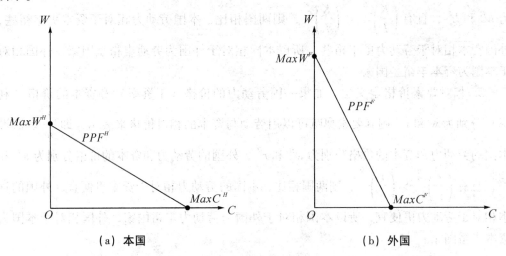

图 5.6　要素密集度、要素丰裕度和生产可能性边界的形状（固定成本）

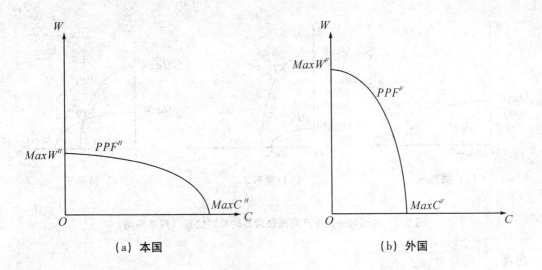

图 5.7　要素密集度、要素丰裕度和生产可能性边界的形状（成本递增）

二、本国与外国生产可能性边界的相对位置

图 5.8（a）～（c）和图 5.9（a）～（c）分别展示了固定成本和成本递增条件下的本国与外国生产可能性边界相对位置的三种可能性：第一，本国布和酒的生产最大值均大于外国，即 $MaxC^H > MaxC^F$ 且 $MaxW^H > MaxW^F$（如图 5.8（a）和图 5.9（a）所示）；第二，本国布和酒的生产最大值均小于外国，即 $MaxC^H < MaxC^F$ 且 $MaxW^H < MaxW^F$（如图 5.8（b）和图 5.9（b）所示）；第三，本国布的生产最大值大于外国，但酒的生产最大值小于外国，即 $MaxC^H > MaxC^F$ 且 $MaxW^H < MaxW^F$（如图 5.8（c）和图 5.9（c）所示）。

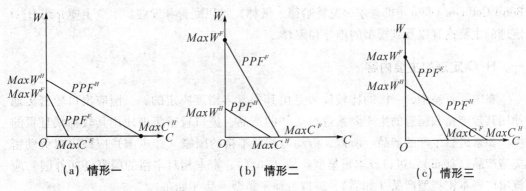

图 5.8　本国与外国生产可能性边界的相对位置（固定成本）

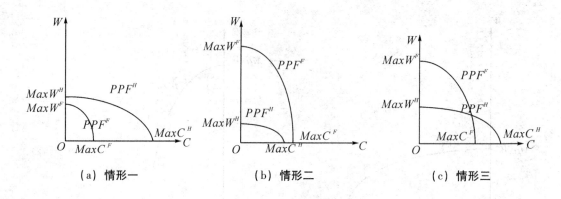

图 5.9　本国与外国生产可能性边界的相对位置（成本递增）

思考：

[5.13] 在本章的假设前提下，本国和外国的生产可能性边界有没有可能出现如下情况：本国布的生产最大值小于外国，但酒的生产最大值大于外国，即 $MaxC^H < MaxC^F$ 且 $MaxW^H > MaxW^F$？为什么？

第六节　H-O 模型及 H-O 定理

H-O 定理即赫克歇尔-俄林定理，简称赫-俄定理，又称要素禀赋理论，是由 H-O 模型推导而得。H-O 模型是一个关于国际贸易的一般均衡模型，由瑞典经济学家 Eli Filip Heckscher（伊·菲·赫克歇尔）首先提出，后由他的学生瑞典经济学家 Bertil Gotthard Ohlin（贝蒂尔·戈特哈德·俄林）加以完善和发展。本节主要介绍 H-O 定理的主要内容以及其模型的推导和解释。

一、H-O 定理的主要内容

在国际贸易中，一国的比较优势是由其要素丰裕度决定的。一国应出口较密集地使用其较丰裕和便宜的生产要素进行生产的产品，进口较密集地使用其较稀缺且贵的生产要素进行生产的产品。所以，劳动力相对丰裕的国家（如本国）应该出口劳动密集型产品（如布），进口资本密集型产品（如酒）；资本相对丰裕的国家（如外国）应该出口资本密集型产品（如酒），进口劳动密集型产品（如布）。

具体来讲，国家之间要素相对富裕度的不同导致了要素相对价格的差异，进而导致了生产成本的差异，而生产成本的差异又是导致不同国家贸易前相对价格不同的原因。这种商品相对价格之间的差异促使两国间发生贸易。各国都倾向于生产其国内要素相对富裕的产品并且将其出口，进口其国内要素相对稀缺的产品。因为"物以稀为贵"，相对丰裕的要素的价位相对较低，密集使用该要素进行生产的产品的相对价格也相应较低；反之，相对稀缺的要素的价位相对较高，密集使用该要素进行生产的产品的相对价格也相应较高。商品会由相对低价国家出口到相对高价国家。

二、H-O 定理的图解说明

假定本国（PPF^H）与外国（PPF^F）的生产可能性边界如图 5.10 所示，图 5.10（a）展示了两国在贸易前的生产和消费情况，点 A^H 和 A^F 分别为本国和外国在封闭状态下达到均衡时的生产组合点，同时也是消费组合点，此时本国和外国的国内均衡相对价格分别为 $\left(\dfrac{P_C}{P_W}\right)^H$ 和 $\left(\dfrac{P_C}{P_W}\right)^F$，两国达到的效用水平均为 U_2。可以判断本国在布的生产上具有比较优势，而外国在酒的生产上具有比较优势，假定两国以 $\left(\dfrac{P_C}{P_W}\right)^W$（$\left(\dfrac{P_C}{P_W}\right)^H < \left(\dfrac{P_C}{P_W}\right)^W < \left(\dfrac{P_C}{P_W}\right)^F$）的相对价格进行贸易，则开放条件下本国和外国的生产组合点分别为 B^H 和 B^F，消费组合点分别为 C^H 和 C^F（此例中两点重合），两国达到的效用水平均为 U_2^T 且 $U_2^T > U_2$（如图 5.10（b）所示）。在开放条件下，本国出口具有比较优势的布，进口具有比较劣势的酒，而外国出口具有比较优势的酒，进口具有比较劣势的布，两国的福利水平均得到提升。

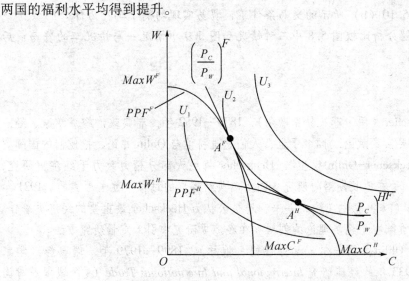

图 5.10（a）　H-O 理论与国际贸易（贸易前）

思考：

[5.14] 图 5.10（a）中封闭条件下实现均衡时，本国和外国的效用必须是相同水平 U_2 吗？为什么？

[5.15] 在开放条件下，图 5.10（b）中本国和外国的效用必须是相同水平 U_2^T 吗？为什么？

[5.16] 在开放条件下，图 5.10（b）中本国和外国必须共享一条代表世界相对交

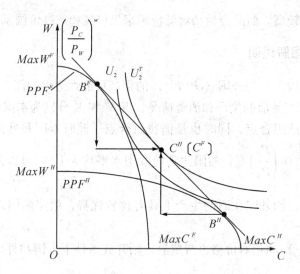

图 5.10（b）　H-O 理论与国际贸易（贸易后）

易价格 $\left(\dfrac{P_C}{P_W}\right)^{W}$ 的价格线吗？为什么？

　　[5.17] 如图 5.10（b）所示的交易条件下，贸易实现均衡了吗？为什么？

　　[5.18] 试图解分析比较图 5.8 中三种情况和图 5.9 中情况一与情况二的贸易前后的改变。

阅读 5.1

　　Eli Filip Heckscher（伊·菲·赫克歇尔），1879—1952 年，瑞典政治经济学家、经济史学家。以"生产要素禀赋论"闻名于世，人们总是将他与 Ohlin 并论，把他们的国际贸易理论称之为"Heckscher-Ohlin 模型"。Heckscher 将绝大部分精力致力于经济史研究，"生产要素禀赋论"是在他长期潜心研究各国及瑞典经济史的过程中逐渐形成的。1931 年出版的 Mercantilism（《重商主义》）一书，曾被公认为 Heckscher 最重要的经济史著作。他对经济学的主要贡献在于经济理论的创新和在经济史研究中引入定量研究方法。

　　Bertil Gotthard Ohlin（贝蒂尔·戈特哈德·俄林），1899—1979 年，瑞典经济学家和政治家，以其 1933 年的经典研究 Interregional and International Trade（《区域贸易与国际贸易》），而被公认为现代国际贸易理论的创始人。Ohlin 的现代国际贸易理论以缜密而严谨的逻辑推理，深入到对"相对商品价格的差异性是建立贸易的必要条件"的分析，且创造性地将一般均衡理论的分析方法应用到贸易研究领域，对现代国际贸易理论探索和实践发展做出了巨大的贡献。1977 年获得诺贝尔经济学奖。

资料来源：

马慈和. 赫克歇尔经济史方面的研究成果 [J]. 世界经济，1990（5）：20-23.

　　本刊编辑部，现代国际贸易理论的奠基人——记 1977 年诺贝尔经济学奖获得者、瑞典经济学家贝蒂尔·戈特哈德·俄林 [J]. 财政监督，2016（3）：18-22.

第七节　H-O-S 定理

H-O-S 定理，又称要素价格均等化定理（Factor Price Equalization Theorem），是美国经济学家 Paul Anthony Samuelson（保罗·萨缪尔森）在 H-O 定理的基础上推导得出的，其主要内容为：自由贸易不仅会使两国商品的相对价格和绝对价格均等化，而且会使生产要素的相对价格和绝对价格均等化。由 H-O 定理可知，本国（劳动富裕型国家）在布（劳动密集型产品）的生产上具有比较优势，外国（资本富裕型国家）在酒（资本密集型产品）的生产上具有比较优势。在没有国际贸易的前提下，因为本国是劳动丰裕国家，其劳动力相对便宜而资本相对贵，于是利率与工资的比率相对外国较高，即 $\left(\dfrac{r}{w}\right)^H > \left(\dfrac{r}{w}\right)^F$ 所以本国布与酒的相对价格低于外国，即 $\left(\dfrac{P_C}{P_W}\right)^H < \left(\dfrac{P_C}{P_W}\right)^F$；在开放市场条件下，本国分工生产其具有比较优势的产品布，同时减少其具有比较劣势的产品酒的生产，对劳动的相对需求上升，对资本的相对需求减少，在假定劳动力和资本的供给不变的前提条件下，本国资本与劳动力的相对报酬 $\left(\dfrac{r}{w}\right)^H$ 降低（如图 5.11（a）所示）。

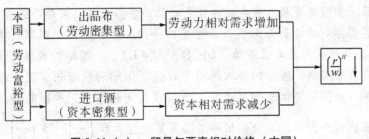

图 5.11（a）　贸易与要素相对价格（本国）

而在外国所发生的一切正相反。在没有国际贸易的条件下，因为外国是资本丰裕国家，其资本相对便宜而劳动力相对贵，于是利率与工资的比率相对本国较低，即 $\left(\dfrac{r}{w}\right)^H > \left(\dfrac{r}{w}\right)^F$，所以外国布与酒的相对价格高于本国，即 $\left(\dfrac{P_C}{P_W}\right)^H < \left(\dfrac{P_C}{P_W}\right)^F$。在开放市场条件下，外国分工生产其具有比较优势的产品酒，同时减少其具有比较劣势的产品布的生产，对劳动的相对需求减少，对资本的相对需求增加，在假定劳动力和资本的供给不变的前提条件下，外国资本与劳动力的相对报酬 $\left(\dfrac{r}{w}\right)^F$ 提高（如图 5.11（b）所示）。

所以，贸易倾向于缩小两国间劳动与资本相对价格之间的差距。贸易之前由于要素禀赋差异，本国资本和劳动力的相对价格要高于外国资本和劳动力的相对价格，即

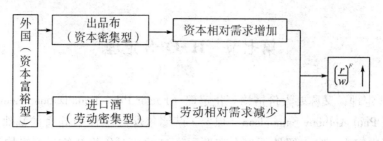

图5.11（b）　贸易与要素相对价格（外国）

$\left(\dfrac{r}{w}\right)^F < \left(\dfrac{r}{w}\right)^H$。由以上分析得知，贸易会使得本国的资本与劳动力相对价格下降，

而外国的资本与劳动力相对价格提升，最终均衡相对价格为$\left(\dfrac{r}{w}\right)^W$（$\left(\dfrac{r}{w}\right)^F < \left(\dfrac{r}{w}\right)^W <$

$\left(\dfrac{r}{w}\right)^H$）。由于贸易使得要素相对价格均等化，由之前的假定可知，产品和要素市场完全
竞争，两国采用的生产技术相同且两种产品的生产均规模报酬不变，所以贸易使得同质
要素的绝对价格均等化。也就是说，自由贸易使得同质劳动在两国的实际工资相等，同
质资本在两国的实际利率相等。从某种意义上讲，贸易取代了国际间的要素流动。

补充5.2：国际间要素流动

　　之前各章节都假定要素只能在国内自由流动，在国与国之间是不能够自由流动的，
但是，要素在国际的流动是国际贸易很重要的一部分。假定两个国家（本国（H）和
外国（F）），两种投入要素（劳动（L）和资本（K））。国际的劳动流动可以通过劳
动力国际的迁移来实现，国际的资本流动可以通过国际的投资来实现。假定本国是劳
动丰裕型国家，外国是资本丰裕型国家，所以在封闭状态下，本国的劳动力价格相对
外国要更便宜，而外国的资本价格相对本国要更便宜，即$\left(\dfrac{r}{w}\right)^H > \left(\dfrac{r}{w}\right)^F$。为了简化
分析，我们假定本国劳动力价格低于外国劳动力价格，即$w^H < w^F$，而外国资本价格
低于本国资本价格，即$r^H > r^F$。图5.12（a）展示了本国和外国的劳动边际产出曲线
MPL^H和MPL^F，在两国生产同一种商品的技术水平相同的假设前提下，两国的劳动边
际产出曲线相同。[①] $0^H 0^F$为两国的劳动力总量，L^H和L^F分别为封闭状态时本国和外国
的劳动力数量，$L^H > L^F$。当允许国际要素流动时，劳动力会由工资较低的本国流向工资
较高的外国，直至两国的工资水平相同为止，即由MPL^H和MPL^F的交点E决定的工资
水平w^W，此时，本国劳动力数量降低至$L^{H,W}$，外国劳动力数量增长至$L^{F,W}$，图5.12
（a）中线段$L^W L$代表从外国流向本国的劳动力数量。

　　图5.12（b）展示了本国和外国的资本边际产出曲线MPK^H和MPK^F，在两国生产

---

　　① 劳动的边际产出MPL是随着劳动力投入的增加而先短暂增加然后减少的，此处仅考虑比较常见的边际产
出递减的部分。

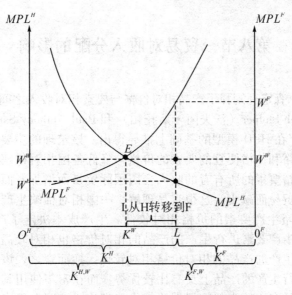

图 5.12（a） 国际间劳动力流动

同一种商品的技术水平相同的假设前提下，两国的资本边际产出曲线相同。① $0^H 0^F$ 为两国的资本总量，K^H 和 K^F 分别为封闭状态时本国和外国的资本数量，$K^H < K^F$。当允许国际要素流动时，资本会由利息率较低的外国流向利息率较高的外国，直至两国的利息率水平相同为止，即由 MPK^H 和 MPK^F 的交点 E 决定的利息率水平 r^W，此时，本国资本数量增加至 $K^{H,W}$，外国资本数量减少至 $K^{F,W}$，图 5.12（b）中线段 KK^W 代表从本国流向外国的资本数量。

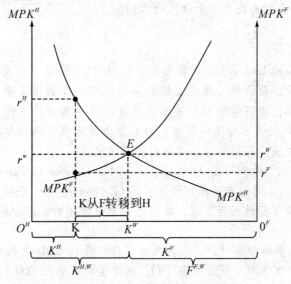

图 5.12（b） 国际间资本流动

---

① 资本的边际产出 MPK 是随着资本投入的增加而先短暂增加然后减少的，此处仅考虑比较常见的边际产出递减的部分。

第八节　贸易对收入分配的影响

斯托帕-萨缪尔森定理阐释了产品相对价格与要素相对收入之间的关系，由经济学家 Wolfgang Friedrich Stolper（沃夫冈·斯托帕）和 Paul Anthony Samuelson（保罗·萨缪尔森）于 1941 年在 H-O 模型的基础上推导得出。该定理的主要内容为：国际贸易会提高各国相对丰裕和价格便宜的要素的价格，降低各国相对稀缺和昂贵的要素的价格。或者，一国丰裕要素的所有者的收入会因国际贸易而增加，而稀缺要素所有者的收入则会因为国际贸易而减少。这很容易理解，一国相对稀缺生产要素的价格也会相对较高，而相对富裕生产要素的价格相对较低。生产成本决定了产品的售价，所以，密集使用相对稀缺生产要素进行生产的产品的相对价格也相对较高，而密集使用相对富裕生产要素进行生产的产品的相对价格相对较低。换而言之，该国在密集使用其相对丰裕生产要素进行生产的产品上具有比较优势，而在密集使用其相对稀缺生产要素进行生产的产品上具有比较劣势。根据比较优势理论，该国会更多地生产并出口其具有比较优势的产品，减少其具有比较劣势的产品的产量而选择从其他国家进口。在这个过程中，该国生产者对其相对丰裕生产要素的相对需求增加，而对其相对稀缺生产要素的相对需求减少，在要素供给不变的假定前提下，该国相对丰裕生产要素的价格会上升，而相对稀缺生产要素的价格会下降。换而言之，该国丰裕要素的所有者的收入会因国际贸易而增加，而稀缺要素所有者的收入则会因为国际贸易而减少。

思考：

[5.19] 试举一个贸易改变要素收入的实例。

阅读 5.2

Paul Anthony Samuelson（保罗·萨缪尔森），1915—2009 年，美国经济学家。1935 年毕业于芝加哥大学，获得学士学位，随后获得哈佛大学的硕士学位和博士学位，并一直在麻省理工学院任经济学教授，他发展了数理和动态经济理论，将经济科学提高到新的水平。1970 年，他因对经济学理论的卓越贡献而获得诺贝尔经济学奖，是世界第二位、美国第一位获得诺贝尔经济学奖的经济学家。

于 1946 年出版的《经济分析基础》（Foundations of Zconomic Analysis）是 Samuelson 的代表作。他的经典著作《经济学》（Zconomics）于 1948 年首次出版。以四十多种语言在全球销售超过四百万册，成为全世界最畅销的经济学教科书。

资料来源：

未署名. 保罗·萨缪尔森 [J]. 社会福利（理论版），2016（12）：2.

未署名. 缅怀经济学泰斗萨缪尔森 [J]. 国际经贸探索，2009（12）：87.

阅读 5.3

生产要素价格均等化定理指出：如果各国都以各自的要素禀赋差异为基础进行产业调整和贸易，其结果将是贸易前相对丰富的要素价格上涨，相对稀少的要素价格下降，从而逐步达到要素价格比率的国际均等化。通过自由贸易，如果一价定律成立，即按外汇汇率换算的两国商品的价格是一致的，则两国生产要素的价格也应该是一致的。但事实恰恰相反，表现最明显的是劳动力价格差异。自近代国际贸易开始以来，国际间贫富差距不但没有缩小，反而继续扩大。在改革开放以后，中国产品出口特别是劳动密集型产品出口增长迅速，与此同时，劳动报酬占比下降、资本报酬占比提高。李稻葵等（2009）认为中国的劳动收入比重从 1995 年就开始了持续而漫长的下降过程。

造成理论与事实严重脱节的原因在于这个理论的一些假设与事实不符以及分析中的缺陷。首先，忽略了静态均衡的分析方法与动态非均衡的现实世界间的矛盾。其次，否认了劳动力的差异。再次，否认了一国国内的劳动力价格差异。最后，否认了各国间的收入差异。要素价格均等化定理的实质不过是论述了供求关系变化对要素价格的影响。现实生活中这一影响确实存在，但其作用相对于被其省略未考虑的一些其他因素而言是微不足道的。

资料来源：

徐圣，黄先海. 中国背离斯托尔珀萨-缪尔森定理的解释——基于要素偏向型技术进步的视角 [J]. 经济与管理研究，2017（11）：39-49.

江建军. 对斯托尔珀-萨缪尔森定理的质疑 [J]. 经济学家，1997（3）：5.

梁东黎. 斯托尔帕-萨缪尔森定理再研究 [J]. 东南大学学报（哲学社会科学版），2014（5）：15-24，134.

第九节　里昂惕夫悖论及其解释

一、里昂惕夫悖论

H-O 理论主张各国应该出口密集使用其相对充裕要素的产品，进口密集使用其相对稀缺要素的产品。如果 H-O 理论正确，则美国作为资本丰裕型国家应该出口资本密集型产品，进口劳动密集型产品。这意味着：美国出口行业的资本劳动比率 $(K/L)_X$ 应该大于进口行业的资本劳动比率 $(K/L)_M$，即：$\frac{(K/L)_X}{(K/L)_M} > 1$。美国经济学家诺贝尔经济学获得者 Wassily Leontif（华西里·里昂惕夫）于 1953 年利用美国 1947 年的数据对 H-O 理论进行经验检验，发现美国进口替代品的资本密集程度比美国出口商品资本密集程度高出约 30%，美国出口量最大的是农产品等劳动密集型产品，进口量最大的却是汽车、钢铁等资本密集型产品，这与 H-O 理论相悖，所以人们习惯上称之为里昂惕夫悖论或者里昂惕夫之谜。之后，更多经济学家对 H-O 理论进行了检验，结论不一。表 5.1 总结了几个比较有代表性的发现。

表 5.1　　　　　　　　　　对 H-O 理论的实践检验及发现

年份	代表人物	主要结论
1971	Robert Baldwin	用与 Leontief 类似的方法检验 1962 年的贸易数据，发现美国进口资本密集型商品比出口密集型商品高出 27%。

表5.1(续)

年份	代表人物	主要结论
1980	Edward Leamer	对 Leontief 的方法加以改进,并检验 Baldwin 使用的 1962 年的贸易数据,发现悖论在美国依然成立。
1999	Elhanan Helpman	证实悖论在美国存在,但是对一些非美国贸易数据的研究结果是与 H-O 定理一致的。
2005	Kwork & Yu	采用新方法研究美国贸易数据,发现悖论现象有所减弱,但在其他发达国家发现了悖论的存在。

二、对里昂惕夫悖论的解释

(一)里昂惕夫悖论的理论基础解释

Leamer (1980),Casas & Choi (1985) 和 Aw (1983) 等认为,里昂惕夫推论的理论基础是错的。Leamer 在 1980 年的文章中严格地证明,在一个多商品的世界中,比较生产和消费中的相对资本密集度,才是确定一国资本相对于劳动而言是否丰裕的正确方法;而里昂惕夫的方法,即通过比较出口商品和进口商品的相对资本密集度只是在简单的两商品世界才适用。

另外,里昂惕夫使用的是两要素(资本和劳动)模型,忽略了其他要素,如自然资源(土地、矿藏、森林等)的影响。一种商品如果是自然资源密集型的,在两要素模型中将其划分为资本或劳动密集型,显然是欠妥的。Diab (1956) 将美国贸易商品分为两类:加工制造品和初级产品。他在研究中发现:第一,美国进口品中初级产品占比约 65%,而出口品中初级产品仅占 15%;第二,美国生产的初级产品的资本劳动比 $\left(\dfrac{K}{L}\right)$,大于制造品的资本劳动比。Diab 认为美国进口资本密集程度较高的商品是美国自然资源稀缺的体现。Vanek (1963) 认为在生产过程中,自然资源和资本是互补的,美国进口品资本密集程度较高的原因在于自然资源,一种在美国稀缺的生产要素,只有同大量资本结合才能在生产中发挥效率。

(二)里昂惕夫悖论的人力资本解释

Kenen (1965) 和 Keesing (1966) 等认为产生里昂惕夫悖论的一个重要原因是里昂惕夫所定义的资本仅仅包含机器、设备、厂房等物质资本,而未将人类本身考虑在内。人力资本是体现在人身上的可以创造经济价值的知识和技能的存量(Goldin,2016)。Schuliz (1962) 和 Becker (1965) 发现美国每年在培训工人方面投资相当大,而且这些投资已经超过了物质资本投资的增长。Kenen (1965) 认为美国劳动比外国劳动含有更多的人力资本,如果把人力资本这一部分加到实物资本上,则美国出口品的资本密集度高于进口替代品。

(三)里昂惕夫悖论的科学研究解释

科学研究和技术进步带来的"知识"资本提高了等量投入要素的产出水平。

Keesing（1966）指出，对于相当多的制造工业而言，国际贸易是基于各国技能禀赋差异进行的。他认为里昂惕夫关于 1947 年美国贸易数据研究的发现与其说是一个悖论，倒不如说美国在技术水平上具有比较优势，出口高技能密集型产品。为了验证此说法，Keesing 运用 1960 年美国的技术系数表，对 14 个国家的 46 个产业在 1962 年的进出口进行实证分析，结果发现美国出口产品的技术密集程度远远高于其他国家，美国在高技术产品具有比较优势，美国贸易模式符合 H-O 理论。

（四）里昂惕夫悖论的要素密集度颠倒解释

要素密集度颠倒指一种商品在劳动丰裕的国家是劳动密集型产品，在资本丰裕的国家是资本密集型产品。一旦要素密集度颠倒发生，则要素均等化定理将不再成立，因此，H-O 理论也不再成立。

（五）里昂惕夫悖论的关税政策解释

对进口品征收进口关税可以减少进口，刺激国内进口替代品的生产。Travis 在 1964 年和 1972 年的研究中发现，美国受贸易保护最严密的产业就是劳动密集型产业，对劳动密集型产品征收进口关税是保护国内相关产业的有效方式，这不可避免地影响了美国的贸易模式，降低了美国劳动密集型产品的进口。

（六）里昂惕夫悖论的动态解释

H-O 理论是从静态角度考虑问题的，一些经济学家（Posner, 1961；Vernon, 1966）认为一些动态因素对国际贸易模式有重要影响，如技术创新。Posner 在 1961 年提出技术差距理论，该理论认为美国作为科技最发达的国家，出口大量的高新技术产品。但是，当外国模仿者获得新技术后，就凭借其较低的劳动成本最终占领国外市场，甚至美国市场。Vernon 进一步发展了 Posner 的理论，于 1966 年提出生命周期理论。该理论将一般产品的生命周期分为新产品、成熟品和标准品三个阶段，认为产品在不同阶段的资本劳动比是不同的。美国出口的产品是处于新产品阶段，生产过程比较依赖熟练劳动的投入，而当美国进口该种产品时，该产品已发展至标准化阶段，生产过程更加依赖资本。

另外，还有一些关于里昂惕夫悖论的解释弱化了比较优势在贸易中的重要性。Linder Hypothesis 认为需求是促进贸易的更为关键的因素，具有相似需求的国家之间更容易产生贸易。比如，美国和德国同为发达国家，对汽车的需求量都很大，所以两国都有庞大的汽车产业。然而，美国和德国并没有为了获取比较优势而垄断汽车行业，而是两国互相贸易不同品牌的汽车（Linder, 1961）。

尽管学者们对里昂惕夫悖论进行了多维度的解释，但是实证研究发现，国际贸易中各国贸易模式并非完全遵从 H-O 理论的描述。而且，关于里昂惕夫悖论的各种解释也并非完美没有漏洞的。

思考：

[5.20] 应该如何正确看待 H-O 模型及其结论？应该如何正确看待里昂惕夫悖论？

第六章 规模经济、不完全竞争与国际贸易

从重商主义，到绝对优势论和比较优势论，到标准贸易模型，再到要素禀赋论，这些贸易模型和理论都对国际贸易的产生及发展做出了相应的阐释，其思想和逻辑得到了大众及学术界的普遍认可，每一个新理论新模型的提出都得益于前人的贡献，也修正了前人的不足，但这并不意味着真实的贸易已经被完美解读。因为这些理论和模型有自己严格的假设前提，脱离了由这些假设前提所构造的"理想"世界，他们的推论并不一定成立。然而，真实的世界总是更加错综复杂，要想真正了解真实的情况，必须逐一放松这些假设条件，直至呈现出最真实的状况。

以要素禀赋论为例，其假设条件有 12 条之多（第五章），以至于无法很好地解释里昂惕夫之谜中发现的一些真实的贸易现象。本章，我们尝试放松其中的一些假设，观察分析国际贸易会受到怎样的影响，发生怎样的变化。

第一节 规模经济与贸易

一、规模报酬与规模经济

规模报酬用来衡量在其他条件不变的情况下，各种生产要素按相同比例变化时所带来的产量的变化情况。在之前的章节中，我们假定生产规模报酬不变。在现实生产中，还存在着另外的可能，比如，规模报酬递增和规模报酬递减。假设有两种投入要素——劳动力（L）和资本（K），产出为 Q，生产函数用 $Q=f(K，L)$ 表示。当两种投入要素同时增加为原来的 λ 倍时，产出变为原来的 λ^{α} 倍（$\lambda>1$，$\alpha>0$），即 $\lambda^{\alpha}Q=f(\lambda K，\lambda L)$。产出变化随着 α 的取值不同有三种情况：（1）当 $\alpha=1$ 时，$\lambda^{\alpha}=\lambda$，即产出增加为原来的 λ 倍，规模报酬不变；（2）当 $\alpha>1$ 时，$\lambda^{\alpha}>\lambda$，即产出多于原来的 λ 倍，即规模报酬递增；（3）当 $0<\alpha<1$ 时，$\lambda^{\alpha}<\lambda$，即产出不足原来的 λ 倍，即规模报酬递减。其中，规模报酬递增的情况即为规模经济。而规模报酬递减的情况为规模不经济。规模经济指在产出的某一范围内，当总的产出扩张时，平均生产成本在降低。这一概念由克鲁格曼于 1979 年提出。

二、规模经济与生产可能性边界

如如图 6.1 所示，在规模经济条件下，生产可能性边界为凸向原点的曲线。随着

布产量的增加（从 A 点到 B 点到 C 点），布的生产规模越来越大，所以单位布的生产成本逐渐减少，也即需要牺牲掉的酒的产量越来越少（$W_A - W_B > W_B - W_C$），边际转换率递减（$MRT_{C,W}^A > MRT_{C,W}^B > MRT_{C,W}^C$）。

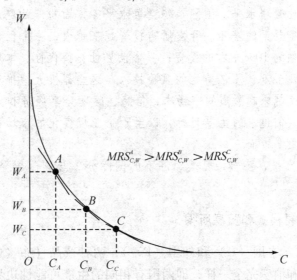

图 6.1　规模经济条件下的生产可能性边界及边际替代率

三、规模经济和外部经济

规模经济或者规模报酬递增与外部经济不同。规模经济或者规模报酬递增是指由于企业内部生产规模扩大导致了平均生产成本降低，属于企业内部范畴，所以也叫内部规模经济。而外部经济指由于行业规模扩大导致其中每个企业的平均生产成本均降低，属于企业外部范畴，所以也成为外部规模经济。外部规模经济与企业集中所促进的基础设施及配套服务的完善、专业化供应商队伍的形成、知识外溢、技术扩散、劳动力市场共享等因素有关。

阅读 6.1

经典的国际分工理论多以规模报酬递减作为基础假设条件，使很多人忽略了规模报酬递增在国际分工形成、发展方面越来越重要的作用。另外，人们对大型企业形成垄断的恐惧，使人们对以规模经济为基础的、规模巨大的企业产生了敌意。同时，企业生产适度规模在短期内具有一定的相对不变性，企业生产规模调节与调节时间成正比，使追求短期利益的功利主义者对具有长期利益追求特征的规模经济和以规模经济为基础的国际分工、国际贸易不抱热心。

然而，规模化已经成为现在经济发展的重要方向之一。第一，技术的进步一直在推动着专用设备效率的提高，这提高了各种产品的年适度规模产量。例如，汽车生产企业的年适度规模产量已经由几千、几万辆上升到了几十万、几百万辆；火力发电企业的年适度发电量已经由几万千瓦每小时上升到了几千万、几亿千瓦每小时……这一切说明，技术进步不停止，规模经济的长期发展就无止境。第二，现代企业的规模越来越大，以至于典型的世界标准的大企业都以百亿、千亿美元作为自己资本的计量单位，在国际贸易中，这种企业大型化主要表现为大型跨国公司在国际贸易总量、国际投资总量、国际企业管理水平、国际市场竞争水平等方面扮演的绝对重要的角色。第三，现在的市场竞争要素的培养、开发所需投资越来越大，一个世界驰名商标的培育常常需要企业销售额的10%左右的投资；一个世界性、换代性、本质性新产品的开发常常需要几百万、几千万、几亿美元的风险投入，这些都极大地推动了企业的大型化发展。第四，在竞争越来越激烈的市场中，信息、管理分享经济和大型企业多角化抗冲击能力，已成为人们追求的重要目标，以至于企业规模化的市场稳定特征成了企业规模经济化的一个重要方面。

资料来源：宝贡敏，丕禅. 规模经济下的国际分工与国际贸易 [J]. 国际贸易，1996 (3)：17–18.

四、规模经济、贸易模式和贸易所得

假设两个国家（本国（H）和外国（F）），两种产品（布（C）和酒（W））。本国和外国的生产和消费完全一样，即两国有相同的生产可能性边界和相同的社会无差异曲线。图6.2（a）和6.2（b）分别展示了本国和外国的情况。封闭状态下，本国和外国分别在组合点 A^H 和 A^F 处生产并消费，各自国内的均衡相对价格为 $\left(\frac{P_C}{P_W}\right)^H$ 和 $\left(\frac{P_C}{P_W}\right)^F$，各自实现效用水平 U_1^H 和 U_1^F，且 $\left(\frac{P_C}{P_W}\right)^H = \left(\frac{P_C}{P_W}\right)^F$，$U_1^H = U_1^F$。

由于存在规模经济，对于两个国家来说，专注于生产一种产品（即尽量最大化一种产品的规模）比同时生产两种产品（从而任何一种产品的规模都有继续扩大的空间）要更经济。假定本国专门化生产布（布的最大化产量为 $MaxC^H$）而外国专门化生产酒（酒的最大化产量为 $MaxW^F$），则本国和外国的新生产组合点分别为 B^H 和 B^F。此时，若要同时消费两种产品，两国必须进行国际贸易。我们知道在封闭状态下，两国国内两种产品的相对交易价格是一致的，即 $\left(\frac{P_C}{P_W}\right)^H = \left(\frac{P_C}{P_W}\right)^F$。根据之前学习的有关交易价格的知识，我们推得布和酒的相对交易价格应与本国及外国国内相对价格一致，$\left(\frac{P_C}{P_W}\right)^W = \left(\frac{P_C}{P_W}\right)^H = \left(\frac{P_C}{P_W}\right)^F$。贸易后，本国和外国的消费组合点分别为 C^H 和 C^F。本国出口布进口酒，外国出口酒进口布。本国的效用水平由 U_1^H 提高至 U_2^H，外国的效用水平由 U_1^F 提高至 U_2^F。两国的福利水平都因国际贸易而改善了。

需要特别指出的是：第一，专业化生产模式的形成可能是由历史原因造成的；第二，在规模经济条件下，互利贸易并不要求参与贸易的两国在各方面完全一致；第三，若规模经济在很大的产出水平上仍然存在，则有可能导致完全垄断或者寡头垄断。

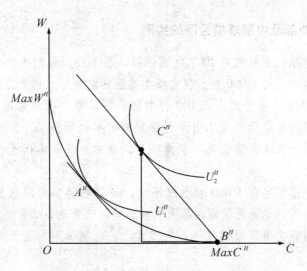

图 6.2 （a） 规模经济与贸易（本国）

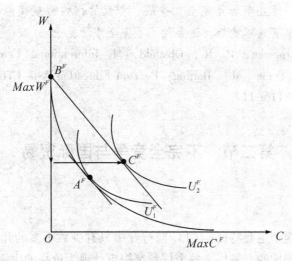

图 6.2 （b） 规模经济与贸易（外国）

思考：

[6.1] 依据绝对优势理论、相对优势理论、标准贸易模型和要素禀赋论，如图 6.2 （a）和图 6.2 （b）中本国与外国分别是否有进行贸易的可能？为什么？

[6.2] 试想一下，在真实世界中，本国和外国有可能发生国际贸易吗 [如图 6.2 （a）和图 6.2 （b）所示]？为什么？

[6.3] 试画图分析本国专门化生产酒而外国专门化生产布的情况。

[6.4] 为什么布和酒的相对交易价格与本国和外国国内的相对交易价格一致 $\left[\left(\dfrac{P_C}{P_W}\right)^W = \left(\dfrac{P_C}{P_W}\right)^H = \left(\dfrac{P_C}{P_W}\right)^F\right]$？除此之外，还有别的可行的相对交易价格吗？为什么？

[6.5] 如图 6.2 （a）和 6.2 （b）中所示贸易是均衡的吗？为什么？

补充 6.1：关于外部及内部规模经济的实例

假定某国的电脑行业最初有 10 家电脑公司，每个公司最初生产 100 台电脑，所以整个行业的电脑生产量为 1 000 台。现在假定该国的电脑行业扩张为原来的两倍，即有 20 家电脑公司，每家公司仍然生产 100 台电脑，所以整个行业的电脑生产量为 2 000 台。如果每家公司的电脑生产成本由于行业规模的扩大而降低了，则存在外部规模经济。换而言之，虽然每家电脑公司的规模不变，但其生产效率因为行业规模的扩大而提高了。

再假定行业产出固定在 1 000 台电脑不变，但是电脑公司的数量减少为原来的一半，即 5 家电脑公司，也就是说现在每家电脑公司的产量是 200 台电脑。如果电脑的生产成本下降了，则存在内部规模经济。换而言之，电脑公司的生产效率随着其规模的扩大而提高了。

外部规模经济和内部规模经济对于行业结构有不同的影响。外部规模经济的行业里存在很多小公司，而且市场是完全竞争的。相反的，内部规模经济行业里的大公司相对于小公司来讲享有成本优势，这导致了不完全市场竞争。

资料来源：Krugman, P. R., Obstfeld, M. International Economics Theory and Policy：International Trade ［M］. Beijing：Pearson Education Asia LTD And Qinghua University Press，2011：116-117.

第二节　不完全竞争与国际贸易

一、不完全竞争

不完全竞争有两个主要特征：（1）同行业中只有少数不多的几家主要厂商；（2）各厂商的产品是不同质的。所以，每个厂商都把自己视为价格的决定者。

在国际市场上初级产品基本上是同质的（如，铁矿石），但是，大多数制造产品都是差异产品（如，汽车）。消费者把差异产品视为不同的产品，差异产品间不能完全替代，比如，越野车与小轿车。大量差异产品的存在是行业内贸易或产业内贸易出现的重要原因，比如，美国既向日本出口汽车，又从日本进口汽车。简单地理解，产业内贸易即同一行业的不同商品间的国际贸易。

阅读 6.2

当代国际贸易中有相当大的比例是在不完全竞争市场上实现的，以完全竞争为假设前提的传统国际贸易理论面对世界贸易的这种新格局解释乏力。如果继续采用完全竞争的假设，我们就不能正确地理解当代诸多贸易事件及贸易政策，就会丧失获得贸易利益的一个重要渠道。

引发不完全竞争贸易的重要因素有：第一，规模经济。在完全竞争市场上，存在着众多规模较小的企业，其相对市场份额均很小，不足以左右市场价格和形成垄断。然而，当企业具有相当的经营规模时，完全竞争就被打破了。因为只有大公司才享有大规模生产的经济效益，一家或几家大公司随即垄断生产，规模经济便自然而然生成了不完全竞争的因素。事实表明，一国往往倾向于出口那些在规模经济下从事生产的大企业的产品。第二，进入壁垒。例如，对难以替代的关键性生产要素（如知识投入、技术专利、特定的自然资源、特殊的管理和销售技能等）的占有垄断会构成市场进入的障碍，拒新企业于市场大门之外。政府出于国家战略利益考虑而有意识地利用关税、配额等进行人为干预、封闭市场，也会造成不完全竞争贸易的局面。第三，产品差异。在同类商品或服务中别具一格，以此吸引消费者并占领市场，这是企业生产经营中常用的一种非价格竞争手段。当运输成本存在时，这种差异是地理性的；当人们偏好不同时，这种差异体现在产品自身的质量、功能、式样等物理特性上，或表现在广告、促销产生的产品商标、品牌等心理形象上。第四，产销集中。这是市场结构中最为明显和突出的因素，它反映着市场垄断的存在与否和高低程度。当生产、销售和贸易集中在少数大公司手中时，往往就形成寡头垄断局面。当一国企业为出口进行联合，组成卡特尔或企业集团，并受到政府的鼓励和扶持时，就更是如此了。

资料来源：夏申. 论不完全竞争条件下的国际贸易 [J]. 世界经济，1993（12）：7－14.

二、产业内贸易指数

产业内贸易指数（IIT）用来衡量一国产业内贸易程度，其计算公式为：

$$IIT = 1 - \frac{|X - M|}{X + M} \tag{6.1}$$

其中，X 和 M 分别代表该国某一产业的出口值和进口值，分子中的两竖线代表绝对值。产业内贸易指数的取值范围为 0 到 1。当产业内贸易指数为 0 时，该产业仅进口或者仅出口产品，也即没有产业内贸易。反之，当产业内贸易指数为 1 时，该产业内的进口值和出口值相当，也即产业内贸易指数达到最大。

产业内贸易指数有一个缺点，即其值大小跟产业的定义范围相关。将产业的范围定义的越大，该国就越有可能出口其中某些差异化产品并进口另外的差异化产品。尽管如此，产业内贸易指数在比较不同产业的产业内贸易程度或者同一产业在不同时期的产业内贸易程度时，还是非常有用的。

阅读 6.3

2013 年 9 月，中国国家主席习近平在访问哈萨克斯坦时提出共建"丝绸之路经济带"的设想，体现了中国希望提升同欧亚国家尤其是中亚国家双边关系的强烈意愿。中亚国家作为"丝绸之路经济带"的核心区，加强我国同中亚各国的经贸合作便成为建设"丝绸之路经济带"的首要任务。

中国和中亚的双边贸易额从 1992 年的 4.6 亿美元上升到 2013 年的 502 亿美元，年均增长率达到 25%。中国对中亚五国出口的商品涉及的种类很多，既有高档商品和高新技术产品，也有民众消费的普通商品。而中亚五国向中国出口的商品主要以能源、矿产品和初加工产品为主，中国同中亚五国之间的贸易显示了明显的产业间贸易特征，且这种贸易结构和特征在短期内难以改变。随着中亚各国的经济发展和收入水平的提高，双边的产业内贸易也得到了一定程度的发展。而且具有很大的发展潜力和提升空间。

表 6.1　　　　中国同中亚五国 1996—2013 年六大行业产业内贸易指数平均值

行业代码	行业	各行业 IIT 平均值				
		哈萨克斯坦	吉尔吉斯斯坦	塔吉克斯坦	土库曼斯坦	乌兹别克斯坦
2	非食用原材料	0.011	0.034 1	0.246 7	0.236 6	0.074 1
3	矿物燃料、润滑油及有关原料	0.148	0.258 7	0.050 7	0.029 7	0.207 7
5	未列明的化学品和有关产品	0.675 3	0.231 1	0.017 7	0.365 2	0.444 6
6	按原料分类的制成品	0.531 3	0.085 8	0.243 1	0.068 5	0.297 3
7	机械及运输设备	0.043 3	0.036 2	0.004 1	0.000 1	0.049 8
8	杂项制品	0.002 2	0.001 4	0.016	0.027 6	0.006 5

表 6.1 展示了中亚 5 国同中国在 1996—2013 年间 6 大行业的产业内贸易指数平均值。哈萨克斯坦在第 5、6 类行业同中国之间的产业内贸易水平较高，且均超过了 0.5，第 6 类行业在近些年甚至超过了 0.9，表明我国和哈萨克斯坦在该行业的贸易中产业内贸易占据绝对主导地位；吉尔吉斯斯坦在第 3、5 类行业同中国之间的产业内贸易水平较高；塔吉克斯坦在第 2、6 类行业同中国之间的产业内贸易水平较高；土库曼斯坦在第 2、5 类行业同中国之间的产业内贸易水平较高；而乌兹别克斯坦则在第 3、5、6 类行业同中国之间的产业内贸易水平较高，且第 5 类行业在近些年超过了 0.9，这也是乌兹别克斯坦产业内贸易总指数较高的主要原因；此外，中国和中亚五国在第 7 和第 8 类行业的 IIT 指数均低于 0.05，说明我国和中亚各国在机械、运输设备以及杂项制品的产业内贸易水平较低。以上分析表明我国和中亚各国的产业内贸易分布在不同的行业，这可能是由该地区各国经济发展水平和要素禀赋的差异造成的。

资料来源：冯宗宪，王石，王华. 中国和中亚五国产业内贸易指数及影响因素研究[J]. 西安交通大学学报（社会科学版），2016（1）：8-16.

思考：

[6.6] 试列举一些由不完全竞争引起国际贸易的实例。

[6.7] 你知道的哪些行业比较容易进行产业内贸易呢？又有哪些行业比较容易进行产业间贸易呢？

第三节 动态技术差异与国际贸易

在之前的章节介绍的模型都假定技术水平是恒定不变的，但事实上，国家之间技术水平的动态差异本身就是产生国际贸易的重要因素。技术差异模型和产品周期模型对这样的国际贸易进行了阐释。

一、技术差异模型

经济学家 Michael Vivian Posner（迈克尔·薇薇安·波斯纳）于 1961 年提出了技术差异模型（Technological Gap Model），指出相当一部分贸易的基础是新的生产工艺的引进和新产品的生产。在国际市场上，由于生产出新产品或采用了新生产工艺，创新国会拥有短暂的垄断力量。这种垄断力量通常是通过专利和产权的授予实现的。一般而言，创新国相对于别的国家而言是资本富裕型国家，劳动力成本较高。起初，创新国会大量出口该新产品。然而，受垄断利润的吸引，越来越多的国家开始模仿创新国进行生产。随着模仿国生产者对该产品生产技术的掌握，借助其廉价劳动力的优势，最终模仿国会占领国外市场甚至是创新国市场。而创新国生产者会继续进行创新，新产品和新生产工艺的出现带来新的技术差异和垄断力量，创新国再次成为这些产品的出口国。

技术差异模型的缺点是，它没有解释技术差异的大小，也没有解释技术差异产生的原因或者差异是如何随着时间消失的。

阅读 6.4

对企业来说，创新到底是指什么呢？获得专利就是创新吗？开发新产品就是创新吗？如果获得的专利并不能给公司带来收益，如果新开发的产品投入生产后发现没有市场，那它们是不是有意义的创新呢？

谢德荪（2012），将创新分为两大类，一类是科学创新，包括新的科学理论、产品和科技；另一类是商业创新，指创造新价值。他在书中将前者称为"始创新"，后者又可进一步分为"流创新"和"源创新"。流创新关注的是改善现有的价值链，其战略也都放在产品上，比如，降低生产成本、增加供应链效益、提高产品质量、创造产品的差异化、设计产品来迎合细分市场的需求等，这些都是流创新战略，也是企业惯用的创新战略。但是如果市场结构保持不变，这些战略都会导致回报递减，且因为原有竞争压力仍然存在，流创新给企业带来的优势并不能持久，所以企业还是会面临发展停滞。而源创新战略因其针对市场的开拓而不是产品本身，需要建立一个强大的生态系统来实现新理念的价值，这种从无到有，建立一个生态系统的过程，正是创造新价值的过程。

苹果公司（Apple Inc.）成立于 1976 年，首先开拓了美国的个人电脑市场。但在随后二十年间，这一市场绝大部分（超过 80%）被 IBM、康柏、惠普等占有，苹果只有不到 10% 的市场份额。1997 年，董事会邀请乔布斯重返苹果。乔布斯上任后把首要精力放在个人电脑整合及外观设计上，并于 1998 年 8 月推出了 iMac 个人电脑，一时轰动个人电脑市场。在此期间，苹果以流创新夺回了以前在个人电脑市场失去的地位，使它能够获得营运利润。

苹果在 2001 年 1 月推出了 iTunes，主要目的是支持 iMac 用户方便下载应用软件。5 月，苹果开始经营苹果专卖店支持 iMac 的销售。同时苹果与美国几家主要唱片公司签订了合约，使 iTunes 成为唱片公司的网上销售渠道。同年 10 月，苹果推出了 iPod，以源创新来推动一个新理念：随时随地享受你所有喜爱的音乐及读物。iPod 的设计美观、轻便，而且操作简单，得到了大量消费者的喜爱；同时，iPod 的巨大成功还吸引了很多生产商及服务商，不仅有唱片公司，还有出版社、音响系统生产商、消费类电子产品生产商、零售商店等，消费者与商家的正向互动产生商机，使得 iPod 的生态系统越做越大。

之后直到 2006 年，苹果都在致力于以流创新改进 iMac 及 iPod 产品线。2007 年 1 月，苹果推出了 iPhone，以源创新推动了另一个新理念：随时随地与他人以电话或信息联络、听你所喜爱的音乐及读物、玩你喜爱的游戏。为了实现这一理念的价值，苹果整合 iPod 的生态系统并引进 AT&T 公司及游戏软件开发商来建立这一新理念的生态系统。iPhone 如同一台手提电脑，它的操作系统是开放式的，可接纳由第三方根据它的操作系统的规格而开发的游戏、软件等。所以，iPhone 的用户越多，围绕在其周围的游戏、软件开发商也会越来越多。并且，2008 年苹果推出的 App Store（苹果应用商店）提供了一个软件开发商与消费者互动的平台，进一步使 iPhone 的价值变得更高。

之后苹果主要致力于以流创新改进他的 iMac、iPod 及 iPhone 的产品线。2010 年又推出的 iPad（平板电脑），以源创新推动了另一新理念：在生活中可以随时随地得到个人文化娱乐的享受。为了实现这一理念的价值，苹果整合 iPhone 及 iMac 的生态系统并引进好莱坞的电影及电视制作公司、媒体公司来建立这一新理念的生态系统。

苹果作为全球高科技企业的代表，在影响公司发展的关键领域率先展开突破式的创新，直接影响了公司市值和销售收入在创新体系实施后 5 至 15 年的变化。突破性的创新体系在实施 5 年后，苹果公司十年间市值增长近 100 倍，销售收入增长了近 20 倍，品牌价值长期稳居头把交椅。

资料来源：根据搜狐财经 http://www.sohu.com/a/143246764_499131 整理。

二、产品生命周期模型

产品生命周期模型（Product Life-Cycle Model）由美国经济学家 Raymond Vernon（雷蒙德·费农）于 1966 年发表的 *International Investment and International Trade in the Product Cycle*（《产品周期中的国际投资和国际贸易》）一文中提出，是技术差异模型的延伸，与技术差异模型相比，产品生命周期模型更加普遍化。产品生命周期模型指出，新产品通常需要高技能工人来生产。当新产品生产逐渐成熟并被大众所接受，其生产变得标准化起来，此时大规模生产技术和低技能工人也可以生产出来该产品。于是，该产品生产的比较优势就从原本的发达国家转移到了欠发达国家，因为欠发达国家的劳动力相对便宜。

　　图 6.3 详细阐释了产品生命周期模型。从图中可以看出，从创新国和模仿国的角度看，一个产品的生命周期分为 5 个阶段：第一阶段又称为新产品阶段（时间段为 OT_1），此阶段产品仅在创新国生产和消费。第二阶段又称为产品增长阶段（时间段为 T_1T_2），创新国产品生产增长很快，以满足国内外不断增加的需求。在这个阶段，外国还没有开始此产品的生产，所以创新国在国内和出口市场上拥有该产品的垄断权。第三节段又称为产品成熟阶段（时间段为 T_2T_3），产品生产开始标准化，创新企业发现允许国内其他企业和国外企业生产该产品是有利可图的，于是模仿国开始生产该产品以满足国内消费。第四阶段（时间段为 T_3T_4），既然产品开始标准化生产，不再需要高技能的投入，于是模仿国开始借助其低廉的劳动成本和其他成本，以低于创新国的价格在第三国销售产品。此时，品牌竞争让位于价格竞争，于是创新国该产品的产量下降。最后是第五阶段（时间点 T_4 之后），模仿国以低于创新国国内的价格开始在创新国销售产品，创新国该产品的生产急剧下降甚至停产。第四和第五阶段通常合称为产品下降阶段。产品生命周期因技术扩散、标准化生产以及更低的国外价格而结束，创新国开始新一轮的技术创新和新产品的生产。

　　我们将 OT_1 这段时间称为需求时滞，即新产品第一次在创新国生产与模仿国消费者第一次需要这种新产品之间的时滞；我们将 OT_2 这段时间称为模仿时滞，即新产品第一次在创新国生产与第一次在模仿国生产之间的时滞。

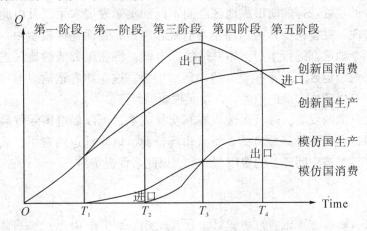

图 6.3　产品生命周期模型

　　技术差异模型和产品生命周期模型将贸易归因为工业化发达国家依据其相对富裕的生产要素（如高技能劳动力和高研发投入等）而发展的新技术。通过模仿和产品标准化，欠发达国家逐渐依靠其相对便宜的劳动力而获取了产品生产的相对优势。于是，我们可以说是国家间相对丰裕要素随时间的改变引发了贸易。因此，技术差异模型和产品生命周期模型可以看作是 H-O 模型在技术动态变化世界里的一个延伸，而非简单地对 H-O 模型的替代，简而言之，产品生命周期模型解释了新产品和新生产工艺的动态相对优势，而 H-O 模型解释了静态相对优势。

思考：

[6.8] 试列举一些实例来解释技术差异与国际贸易之间的关系。

[6.9] 试列举一些实例来解释产品生命周期与国际贸易之间的关系。

第四节　新经济地理理论与国际贸易

Paul Krugman（保罗·克鲁格曼）在 Dixit & Stiglitz（1977）建立的垄断竞争模型的基础上，于 1991 年建立了新经济地理理论的基本模型，该模型把空间地理因素纳入了经济学模型。不同于传统贸易模型不考虑运输成本的做法，新经济地理模型以收益递增和运输成本相互作用为核心，构建了一般均衡模型，推进了此前的贸易理论，形成对国际贸易原因的新解释。

传统贸易模型忽略运输成本的原因并不是因为成本很小，而是由于相对于传统贸易模型考虑的大多数问题来说，运输成本几乎没有分析的意义。尽管运输成本限制了商品和要素价格的均等化，减少了贸易量，但并没有改变传统贸易模式的决定因素——比较优势。在新经济地理理论框架内，运输成本的作用却是不容忽视的。

新经济地理理论主要研究运输成本的存在如何影响厂商在空间的集聚或分离行为，厂商在空间中的位置选择如何形成地区之间不同的集聚发展水平以及由此导致的贸易发生的不同方向。克鲁格曼认为运输本身有规模经济，在两地区模型中，如果运输成本高，将在两个地区都进行生产，如果运输成本低，将在工资低的地区进行生产。具体来说，如果两个地区之间存在着发达的运输网络，这意味着运输成本可以降低，这促使生产集中在生产成本低的地区，以便实现规模经济。

通过现代物流的发展，降低运输成本和交易成本，可以促进国际贸易的产生和发展。比如，可以合理选择运输方式，整合市场资源，以降低运输费用；或者可以运用信息技术，降低物流中间环节的费用与成本，以此来促进贸易。

阅读 6.5

在中央铁道部和重庆市政府的共同努力下，2011 年 3 月 19 日"渝新欧"铁路正式开通运行。"渝新欧"国际铁路联运大通道全长 11 179 千米，从中国出境后，要经过哈萨克斯坦、俄罗斯、白俄罗斯和波兰，最后到达德国的杜伊斯堡。"渝新欧"铁路不仅比水路运输节省近 30 天，成本价格也仅为空运的 1/5。

"一带一路"倡议提出以来，中欧班列开行数量迅猛增长，截至 2017 年，"渝新欧"班列已累计开行 1 130 班。中国铁路总公司统计显示，2017 年中欧班列开行数量较去年同期增加 612 列，增长 158%，基本上每天一次班列发往欧洲。同时，重庆还在推进铁空联运，欧洲货物通过"渝新欧"运抵重庆后，航空转运至亚洲主要城市，实现运时与运价的平衡。周边经重庆中转出口比重已超过 40%。

"渝新欧"线路的开通，使得我国西向开放的战略有了便捷的安全的通道，改变了过去我国对外开放的基本格局。搭载在中欧班列上的货物品类日益丰富，从小商品和电子产品为主逐步丰富到纺织品、汽车及配件、机械装备、家具等；从最初的单向运营，到现在的双向运营，西班牙红酒、波兰牛奶、保加利亚玫瑰精油、德国汽车……越来越多的回程货搭上了中欧班列国际列车，进入中国市场。

"渝新欧"开通后，重庆的进出口额呈梯度上升。尤其是在"渝新欧"开通的2011年，进出口额几乎呈直线上升，GDP总值创造历史新高，达到了10 011.37亿元。随着"渝新欧"回程班列的持续常态开行，重庆有望成为欧洲在整个中国贸易的分拨中心，而这些的实现都是与"渝新欧"的顺利通车分不开的。"渝新欧"通道形成后，一方面为重庆成为世界笔记本电脑的重要生产加工基地奠定了基础，另一方面，这条通道也使重庆成为中国西部的交通枢纽、物流中心和贸易中心。重庆的保税区——西永综合保税区，两路寸滩保税港区以及2017年2月获批设立的江津综合保税区——都会因"渝新欧"开通而得到大力发展。

资料来源：黎美玲. 探析渝新欧铁路对重庆外贸经济增长的促进作用［J］. 经贸实践，2017（7）：50 - 52. 高铁网 http：//news. gaotie. cn/guoji/2017 - 05 - 14/397865. html 相关资料整理。

思考：

［6.10］试列举一些实例来解释运输成本与生产空间集聚以及国际贸易之间的关系。

第五节　环境标准与国际贸易

环境问题一直以来都是受到广泛重视的焦点问题，它不仅仅影响各国的经济发展，同时也对人们的健康造成一定的影响。环境标准是为了维护生态平衡、保护人口健康以及保证环境质量，由权威部门制定和颁布的环境保护技术规范。每个国家的人群、社会以及生态等条件和水平都有所差异。所以，制定环境标准需要根据实际情况，在结合国家的科技水平、经济实力和环境现状的基础上，对环境各个要素进行优化配置以形成环境保护技术规范。

环境标准会对国际贸易产生重要影响。如果没有通过环境相关标准的认证，那么产品将很难进入国际市场。在没有环境标准的约束时，贸易价格并不能完全反映社会环境成本。在环境标准相对较低的国家，环境甚至成为一种要素禀赋用来吸引污染企业，从而实现其在污染产品或行业中的比较优势。环境标准能够促使企业认识到环境元素在生产生活中的重要性，加大绿色环保产业的开发和形成，推广环保产品，开发绿色能源，促进资源可持续发展，在一定程度上有利于贸易往来的可持续性。

经济发展逐渐开始重视可持续性和稳定性，当今人们的消费心理和观念不仅仅建立在以享乐和舒适为主要目的的基础之上，更追求健康和自然，有意识地保护资源和节约资源，这在一定程度上有效减少了环境污染产品在贸易中的比重，对资源的掠夺性开发起到了限制性作用。同时，新一代科学技术为企业带来了新能源、新材料和新工艺，使资源消耗逐渐减少。随着社会生产力逐渐发展，国际贸易中的资本密集型和劳动密集型产品终将被知识密集型和技术密集型产品所替代，国际贸易中的商品结构得以优化。

阅读 6.6

　　随着全球经济的发展，世界上出现了一系列的环境问题，比如，气候变化、臭氧层空洞、森林植被减少以及生物多样性减少等。为此，世界各国达成了一系列的环境条约，如：蒙特利尔条约（1987），旨在缓解臭氧层变化；巴塞尔公约（1991），旨在控制污染物的跨国移动；京都议定书（1997），旨在缓解全球的气候变化问题。为了保证环境条约的实施，政府制定了许多环境法规，并且借助于贸易政策来促进环境法规的实施。

　　传统的经济学家提出，环境法规的实施不利于自由贸易的发展和经济增长。Panayotou（1999）指出，许多国家制定环境法规的目的并不是保护环境，而是进行贸易保护；Frankel（2003）指出，环境法规不但不会提高环境质量，而且还会造成贸易额和国民收入的低速增长。Kalt（1988）研究发现，从 20 世纪 60 年代末到 70 年代末，美国污染密集型产业的国际竞争力随着环境标准的不断提高而逐步丧失。Robinson（1988）发现环球资本每增加 1%，就会使美国的贸易均衡值减少 65 亿美元。他还检验了环境法规对美国污染产业国际竞争力产生的影响，指出环境法规降低了美国污染密集型产业中制造业的比较优势，从而导致贸易模式的转变——进口污染密集型的商品。

　　环境法规对国际贸易影响还体现在外商直接投资的转移，这涉及两个问题：松弛环境法规的国家能否吸引更多的外商直接投资；发展中国家是否会成为发达国家的"污染避难所"。学者们做了很多的实证研究，只有很少的证据支持"污染避难所"假说。同时也很少有证据证明，发达国家进行对外投资的动机是为了逃避严厉的环境法规。

　　环境保护主义者认为，贸易自由化带来了商品的生产、消费和运输的扩张，同时也引起了环境的进一步恶化。Dua 和 Esty（1997）指出，伴随着全球贸易的自由化，各国会降低自己的环境标准以维持或增强竞争力，出现环境标准"向底线赛跑"的现象，进一步发生生态倾销。Frankel（2003）指出，在开放经济中，如果国内严厉的环境法规使企业的销售量、投资等减少的话，企业就会在面临国外竞争时失去竞争力。所以，国内生产者就会给政府施压，以降低环境成本负担。Barrett（1994）指出，当环境政策规定的污染消除成本很低时，就会引起生态倾销。

　　环境保护的反对者认为环保措施在控制污染方面是无效率的，阻碍了自由贸易。Subramanian（1992）提出，大部分的环境问题不是由国际贸易引起的，环境问题主要来源于市场失灵和外部性。所以他建议，解决环境问题要从生产和消费水平进行干预，从而达到环境成本内部化。

　　国际贸易和环境法规的实施都是为了实现社会福利的最大化，随着贸易和环境之间冲突的发生，忽视其中的任何一方面都是不合理的。要同时考虑贸易和环境因素，而且要避免双重标准。如果国内环境政策并没有歧视进口商品，那么就不能把一国严厉的环境法规当作非关税壁垒。同样，当贸易措施有利于减少全球污染时才能被允许使用。

资料来源：韩军伟. 环境法规对国际贸易的影响：国外研究综述［J］. 国际经贸探索，2009（3）：71–75.

思考：

［6.11］ 试列举一些实例来解释环境标准与国际贸易之间的关系。

第七章　新新贸易理论

第一节　新新贸易理论及其发展

国际贸易理论随着实践的发展依次经历了传统贸易理论、新贸易理论和新新贸易理论三个发展阶段。21世纪初诞生的新新贸易理论突破传统贸易理论和新贸易理论以产业贸易为对象的研究范畴，将分析变量进一步细化到企业，从微观层面解释了贸易的发生及影响，从而开拓了国际贸易研究的新领域。

新新贸易理论有两个分支，一个是以 Marc Melitz 为代表的学者提出的异质企业贸易模型（Trade Model with Heterogeneous Firms），另一个是以 Antras 为代表的学者提出的企业内生边界模型（Endogenous Boundary Model of Firms）。

一、新新贸易理论的异质企业贸易模型

研究发现，在美国只有很小一部分企业从事出口，2000年在美国开工的550万家企业中，出口企业只占4%，而且在这些出口企业中，排名前10%的少数企业却占有美国出口总额的96%（Bernard et al.，2007）。与非出口企业相比，美国的出口企业有很大的不同，表现为出口企业规模都相当大、生产率较高、支付较高的工资、使用更熟练的技术工人、更具备技术密集型和资本密集型特征。另一项针对德国企业的研究发现，德国的出口企业和非出口企业同样存在上述差异。针对法国、哥伦比亚、墨西哥、摩洛哥、中国台湾等国家和地区的企业研究得出了类似结论。这些差异，加上国际贸易的成本，都会导致企业的异质性。

异质企业贸易模型解释了国际贸易中企业的差异和出口决策行为。该模型引入企业生产率差异，探讨异质企业如何从事国际贸易，贸易对企业的生产率增长和福利会产生哪些影响等。

在同一产业内部，不同企业拥有不同的生产率非常普遍，不同企业在进入该产业时面临不可撤销投资的初始不确定性也各不相同。进入出口市场也是有成本的，企业在了解生产率状况之后才会做出出口决策。研究结果显示生产率较高的企业能进入出口市场，而生产率较低的企业只能继续为本土市场生产甚至退出市场。由此，国际贸易进一步使得资源重新配置，流向生产率较高的企业。产业的总体生产率由于资源的重新配置获得了提高，这种类型的福利是以前的贸易理论没有解释过的贸易利得。具体来讲，一个产业部门的出口贸易将会提高工资和其他要素价格，驱使生产率水平低的企业被迫退出市场。生产率水平高的企业将能够承担海外营销的固定成本并开始出口，生

产率水平居于中游的企业将继续为本土市场生产。利益分配将有利于那些生产率较高的企业，因为这些企业既为本土市场生产也为出口市场生产。而生产率低的企业的退出，使得整个产业的生产率得到提升。

新新贸易理论的异质企业贸易模型解释了为什么好的企业做国际贸易，而较次的企业做国内贸易这一现象。该理论认为，自由贸易可以提高产业生产率水平和社会福利，所以在政策上应促进自由贸易而不是实行贸易保护。

二、新新贸易理论的企业内生边界模型

在国际市场上，企业需要解决两个问题，一个是企业的国际化决策，即是继续做一个本土的企业还是选择进入国际市场，这在异质企业贸易模型中有所讨论；二是企业的国际化进入策略，即以何种方式进入国际市场，是选择以出口、FDI（Foreign Direct Investment，对外直接投资）还是以外包的形式？现实世界里，很多出口企业的贸易行为并非发生在不同企业之间，而是发生在企业内部。这主要表现为跨国公司的母公司与国外子公司之间以及国外子公司之间在产品、技术、服务方面的交易活动。据统计，20 世纪 70 年代，跨国公司内部贸易仅占世界贸易的 20%，20 世纪八九十年代上升至 40%，而目前世界贸易总量的近 80% 为跨国公司内部贸易（王海军，2009）。2002 年的世界银行投资报告表明，企业内部贸易已经占了全球贸易总量的 1/3（吕连菊和阚大学，2011）。针对企业内部贸易现象，异质性贸易理论似乎解释乏力。为此，部分学者基于 Grossman & Helpman（1991）等经济学家提出的"内生增长理论"（Endogenous Growth Theory），将国际贸易理论和企业理论结合在一个统一框架下，从而形成新新贸易理论的另一分支——企业内生边界模型。

企业内生边界模型探讨了企业的异质性如何影响企业边界、内部一体化（Internal Integration Strategy）和外部一体化战略（External Integration Strategy）的实施，同时探索了企业的组织制度形式是如何影响贸易模式的问题。

Antras 于 2003 年对美国进（出）口行业进行了实证分析，发现公司内部进（出）口占美国进（出）口的比例很大。在 Antras 和 Helpman 于 2004 年的研究中发现，一般而言，具有资本和技术密集型特征的企业往往倾向于内部一体化，相应的贸易模式更多采用母公司与子公司之间或者子公司之间的内部贸易。Buckley & Casson（1976）和 Rugman（1981）认为公司在其跨国经营活动中面临各种市场障碍，为克服障碍、实现利润最大化，跨国公司倾向于采用企业边界内贸易，因为企业内部贸易有助于降低市场交易成本，保持技术或管理优势的垄断，减少企业对外部市场环境的依赖。将各种交易不经过外部市场而在公司所属的各企业之间进行，形成内部市场，当内部化超越了国界，跨国公司便产生了。内部化的收益主要来源于如下六个方面：（1）统一协调的经济效益；（2）有效差别价格的经济效益；（3）消除买方市场不确定的经济效益；（4）消除国际市场不稳定性的经济效益；（5）保持技术优势的经济效益；（6）避免各国政府干预的经济效益。而市场内部化的成本主要是资源成本、通信成本、国家风险和管理成本等。

第二节 新新贸易理论"新" 在哪儿?
——传统贸易理论、 新贸易理论及新新贸易理论之对比

传统贸易理论可追溯到 Adam Smith 的绝对优势贸易理论（Absolute Advantage Trade Theory）, 之后经 David Ricardo 的比较优势贸易理论（Trade Theory of Comparative Advantage）和 Heckscher-Ohlin 的要素禀赋理论（H-O 理论 ）等发展阶段, 其核心思想在于用技术的绝对或相对差异来解释国际贸易的发生以及对贸易国双方福利的影响, 进而指出国际贸易模式应该是发达国家和发展中国家的垂直贸易。从 20 世纪 80 年代开始, 以 Krugman 和 Brander 为代表的学者提出了规模经济、不完全竞争和产品差异化假说, 并建立了战略贸易理论（Krugman, 1979 & 1980）和垄断竞争贸易理论（Brander & Krugman, 1983）, 合称新贸易理论（New Trade Theory）, 其对传统贸易理论中的规模报酬不变、完全市场竞争和同质产品等假设提出了质疑, 他们认为传统贸易理论模型无法解释现实国际贸易中发达国家间的产业内贸易占大多数的典型化事实。新新贸易理论与两者对比主要有以下几个方面的不同。

一、研究的贸易现象不同

传统的国际贸易理论研究的贸易现象是不同产品之间的贸易, 即产业间贸易, 如中国向日本出口小麦, 日本向加拿大出口汽车等。新贸易理论研究的贸易现象则是同一产业内同类产品之间的双向贸易, 即产业内贸易, 如日本向美国出口汽车, 美国也向日本出口汽车等。20 世纪 60 年代以来, 大概有三分之二的国际贸易是发生在资源禀赋、技术水平和偏好都比较相似或相近的国家之间, 产业间贸易占国际贸易的比重不足三分之一, 而传统的国际贸易理论不能解释这种现象。

区别于传统贸易理论和新贸易理论将产业作为研究单位, 新新贸易理论将企业作为研究单位, 考虑企业异质性以解释更多新的企业层面的贸易现象和投资现象。考虑企业间的差异对于理解国际贸易至关重要, 同一产业部门内部企业之间的差异可能比不同产业部门之间的差异更加显著。传统的国际贸易理论不能解释企业间外包贸易和企业内贸易, 因为它们可以发生在要素禀赋不同的国家, 也可以发生在要素禀赋相似或相近的国家, 新贸易理论则只是合理解释了水平型产业内贸易, 对于垂直型产业内贸易的解释力不从心, 而企业间外包贸易和企业内贸易主要是发生在垂直型专业化贸易范围内。企业间外包贸易和企业内贸易的现象与传统贸易理论以及新贸易理论之间的偏离, 客观上促进了新新贸易理论的产生。

另外, 传统贸易理论和新贸易理论不涉及企业的边界问题, 忽视了公司内贸易的国际维度。跨国公司在全球经济地位的重要性与日俱增, 企业国际化过程中越来越复杂的一体化战略选择以及中间投入品贸易在全球贸易中的份额不断上升, 都使得研究国际贸易和国际投资中企业的组织形式和生产方式选择变得非常重要。企业如何在不同国家进行价值链分配, 是通过 FDI 在企业边界内进口中间投入品? 还是以外包形式

从独立供货企业手中采购中间投入品？新新贸易理论较好地将产业组织理论和契约理论的概念融入贸易模型，在企业全球化生产这一研究领域做出了重大理论突破。

二、理论假设不同

第一，与传统贸易理论和新贸易理论的宏观国家层面和中观产业层面的分析相比，新新贸易理论关注的是微观企业层面。传统贸易理论和新贸易理论都将企业视为彼此无差异的，至少在一个国家内部，每一个产业都被视为由同质的彼此无差异的企业组成，即企业同质化（Homogeneous）假设。新新贸易理论认为这显然与经验现象相悖，以 Helpman，Melitz 和 Yeaple（2004）为代表的一些经济学家通过理论与实证研究发现，只有少数企业从事 FDI 和出口，通常是那些规模较大、生产率和工资水平较高、增长较快、更多地使用技能和资本要素的企业，且这些差异在从事 FDI 和出口活动开始之前就已经存在，即产业内存在大量的异质性（Heterogeneity）。

第二，传统贸易理论和新新贸易理论的一个重要隐含假设是完全信息，在该假设下只要存在技术的差异，或者在技术相同而要素禀赋不同的情况下，或者是有规模经济或存在产品差异的情况下，国际贸易就会自动实现。但实际上这些仅构成国际贸易的必要条件，这些贸易理论缺乏一个更加明确的微观机制，新新贸易理论认为这显然也与经验现象相悖。新新贸易理论的两个分支皆集中研究单个企业的选择，一个研究企业的国际进入决策，另一个研究企业的国际化方式选择。

三、理论核心不同

传统贸易理论一般说来有两个核心，即比较优势理论和要素禀赋理论。比较优势理论的基本模型是李嘉图模型，其主要内容是各国之间劳动生产率的不同形成的比较优势是国际贸易产生的唯一原因；要素禀赋理论的基本模型是赫克歇尔-俄林模型，其主要内容是各国之间的资源禀赋差异是产生国际贸易的唯一原因，新贸易理论的核心是准确地强调国际经济中被传统贸易理论忽略的两个特征，即规模经济和不完全竞争，其主要内容是相当一部分国际贸易，特别是经济特征相似国家之间的贸易产生的原因主要是规模经济，而不是国与国之间的资源禀赋上存在的差异。新新贸易理论的核心主要是异质企业模型和企业内生边界模型，这在上文已详细阐述。

四、贸易利益的来源与贸易政策倾向不同

在传统贸易理论中，贸易利益来源于各国按照比较优势原则实行的国际分工和专业化生产。各国应该出口在生产上具有比较优势的产品，进口在生产上具有比较劣势的产品，然后进行交换，这样不仅可以增加世界的产量，也提高了贸易双方的福利水平，因此，传统贸易理论的贸易政策倾向是自由贸易。在新贸易理论中，贸易利益不仅来源于比较优势，还来源于规模经济、产品多样化以及不完全竞争产业的竞争程度等。同时，新贸易理论指出，虽然存在着潜在贸易利益，但不完全竞争市场也产生风险，使一国经济有可能不仅无法利用潜在的贸易利益，而且实际上会遭受损失。当贸易使得本国以递增规模生产的行业和高度垄断的行业收缩，而带来的其他利益又不足

以弥补这种收缩带来的损失时，贸易使本国受损。因此，新贸易理论主张政府干预，在一定程度上倾向于保护贸易政策。而在新新贸易理论中，贸易利益则来源于低生产率企业收缩甚至退出市场，高生产率企业进入出口市场，从而使得资源重新配置，从低生产率企业流向生产率高的企业，产业的总体生产率由于资源的重新配置获得了提高。如果生产率增长得足够高，那么一国稀缺要素的实际收入甚至也可能有所提高。贸易自由化的实施也增加了一国的进口并因此损害了国内的销售和利润，但高生产率企业扩大的出口销售和利润将远远大于这些损失。总体上来说，贸易提高了一国总体的福利水平。因此，新新贸易理论的贸易政策倾向是自由贸易。

第三节　新新贸易理论的价值

　　新新贸易理论开启了国际贸易研究新领域。其贡献主要表现在三个方面：第一，新新贸易理论是对传统贸易理论的补充，尤其是对新贸易理论的补充。新新贸易理论在垄断竞争模型的基础上放松了企业同质的假定，从异质企业角度提出了贸易的新观点，从而在方法上取得了突破。第二，新新贸易理论确立了新的研究视角。传统贸易理论和新贸易理论从国家和产业层面研究贸易的产生及其影响，而新新贸易理论是从企业这个微观层面来研究贸易的基本问题，使得国际贸易理论获得了新的微观基础和新的视角。第三，新新贸易理论有可能为其他的经济学科，特别是空间经济学带来新的影响。空间经济学的基础来自于国际贸易理论，新贸易理论通过引入区位因素，从而产生了"新经济地理"理论，如果在新新贸易理论引入空间因素，也许将会产生"新新"经济地理理论。

第四节　新新贸易理论的局限性

　　尽管新新贸易理论的体系正在逐渐完善，但其较为严格的假设前提仍然导致了解释力的局限性，其今后的发展至少还需注意以下几方面的问题：（1）无论是异质性企业理论还是内生边界理论，都假定无摩擦的自由贸易环境，而这种假定在现实世界几乎是不存在的，那如何将关税和补贴等贸易壁垒和贸易政策等行为量化为企业国际化决策的影响因素呢？（2）新新贸易理论认为企业异质性决定了贸易的类型和模式，进而决定了贸易的福利分配。而如果异质性企业大量存在，则市场更可能处于垄断竞争的状态，那么如何将垄断这一普遍现实纳入到模型中来解释贸易模式的变化呢？（3）内生边界模型强调企业组织形式对贸易模式的影响，并解释了公司内部贸易大量存在这一现象，但是没有阐释企业是如何平衡企业内部贸易与外部市场交易的，企业内部贸易在减少交易成本的同时，是否又会增加其他成本，譬如管理成本？如果有，那么如何衡量这些新的成本？（4）到目前为止，尚无一种理论将异质性企业模型和内生边界模型结合起来，实际上，企业的组织形式与劳动生产率、技术和工人之间存在非常普遍的联系，这些因素共同作用于企业的贸易模式选择。

第五节 新新贸易理论的政策启示

新新贸易理论从企业的异质性入手说明了贸易的好处，蕴涵着丰富的政策启示：（1）对于落后的国家和地区来讲，应积极参与国际国内分工，提高对外开放水平，这有利于提高行业生产率水平，充分发挥优胜劣汰效应。因此，无论是中央政府，还是地方政府，推动出口导向和对外开放政策都非常重要，将有利于本地的经济发展。（2）新新贸易理论找到了一条提高生产率的新路径，在不提高单个企业生产率水平的情况下，一国仍然可以通过贸易和开放来提高一个产业甚至全国的生产率水平。（3）除了企业的自我选择，企业的出口决策也同样会受到企业所处环境的影响，比如，政策的变化会影响企业的出口决策，贸易政策可以通过激励企业有意识地促进生产率提高而发挥积极作用。除了像出口补贴、税收优惠等一般常用的出口促进措施外，改善基础设施，提高信息沟通效率，促进企业集群等也都是很好的贸易政策选择。如果存在"出口中学"（Learning by Exporting）效应，效果会更好。如果存在出口溢出效应，非出口企业也能跟着出口企业学习如何出口。

但是，新新贸易理论也表明，自由贸易可能会给落后国家和地区带来负面的冲击和影响：（1）市场开放可能对落后国家和地区某些产业的发展带来不利影响。例如，一些技术含量高且对地区未来经济发展颇为关键的产业，可能由于外部高效率企业的进入而衰退，所以在引进外部企业的同时，还应考虑这些企业对本地区相关产业的带动效应。（2）自由贸易导致了资源的重新配置，使利润和市场份额向高生产率企业转移，这可能导致资源过度垄断而造成整体市场效率的损失。（3）如果贸易仅发生在部分地区，这可能会拉大地区内部的差距，固化地区分工。例如，中国的沿海和内地，由于受区位等因素的影响，沿海企业更易获得贸易带来的好处，而内陆企业则更倾向于满足国内市场，这也是地区差距形成的重要原因。

阅读 7.1

将企业异质性假设引入贸易理论而发展起来的异质性企业贸易理论是近十几年来国际贸易最为重要的理论进展。该理论针对传统贸易理论的企业同质性基本假定无法充分解释现实这一事实，在新贸易理论的基础上形成的。

有关企业异质性的来源或者成因的研究很多，从总体看，这些研究结论大体可分成几类：一是主要强调贸易成本在决定异质性企业分类中的作用。它基本上是在 Melitz（2003）首创的模型的基础上进行各方面的扩展，用以研究不同的宏观经济问题，主要集中强调贸易成本的生产率效应。二是关注劳动力市场与异质性企业行为的关系，认为劳动技能的差异性、各企业支付工资水平的不同以及同一企业对具有不同特征的工人支付工资水平的不同是企业异质性的主要来源。三是认为企业异质性是长期内部知识和能力积累的结果，主要强调企业核心知识和能力积累在决定企业异质性方面的作用。此外还有研究是从企业所具有的禀赋的差异、企业生产的产品的多样化程度、市场对企业产品的需求和开放程度、企业的规模差异等方面阐述企业的异质性原因。

资料来源：王海军. 新新贸易理论综述、发展与启示［J］. 经济问题探索，2009（12）：50-54.

思考：

［7.1］ 试阐述传统贸易理论、新贸易理论和新新贸易理论的联系与区别。

［7.2］ 试阐述传统贸易理论、新贸易理论和新新贸易理论各自的优缺点。

［7.3］ 结合实例，谈谈传统贸易理论、新贸易理论和新新贸易理论的应用。

第八章 经济增长与国际贸易

促进经济增长的动力源总体来讲有两个：生产要素投入增多和技术进步。两者或者独立作用于经济，或者同时发生。在产品生产过程中，无论是生产要素的投入还是技术的采用都不是单一的，而是各司其职共同完成生产的。以面包生产为例，一个完整的面包被生产出来，投入的生产要素主要有水、面粉、糖、烤箱、电等，能够影响面包生产质量和数量的不仅有烘焙技术，还有烤箱设计技术和烤箱应用技术等。生产要素投入增加可以是单一的某种生产要素的增加，也可以是多种生产要素同时增加；技术进步可以发生在某一生产部门，或同时发生在多个生产部门。这些不同的变化对经济的影响会有什么不同呢？经济增长与国际贸易之间有什么联系呢？经济增长必然会导致贸易规模扩大吗？本章就来解答这些问题。

第一节 生产要素增加与经济增长

为了简化分析过程，我们假设一国（本章以劳动富裕型国家为例）只有两种生产要素：劳动（L）和资本（K），两种产品布（C）和酒（W），其中布为劳动密集型产品，酒为资本密集型产品。另外，为简单起见，我们假定两种产品的生产是成本递增且规模报酬不变的。

生产要素的增加主要有以下两种情况：一是只有一种生产要素增加。此情形有两种可能：（1）劳动增加，资本不变，此时资本与劳动的比值变小；（2）资本增加，劳动不变，此时资本与劳动的比值变大。二是两种生产要素同时增加。这时又有三种情况：①资本与劳动的比值不变；②资本与劳动的比值变大；③资本与劳动的比值变小，具体情况如图8.1所示。其中，K_0 和 L_0 分别为初始状态的资本存量和劳动力存量，K_1 和 L_1 分别为增加投入后的资本存量和劳动力存量，$\left(\dfrac{K}{L}\right)_0$ 和 $\left(\dfrac{K}{L}\right)_1$ 分别为生产要素增加前后的资本与劳动之比。下面在成本递增条件下对各种变化情况如何影响经济增长逐一进行分析。

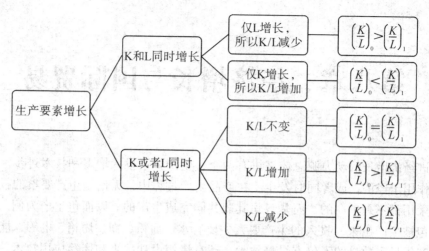

图 8.1　要素增长的几种情况

一、资本与劳动同时增加，且资本劳动比不变

资本与劳动同时增加，且保持资本与劳动之比不变，即 $\left(\frac{K}{L}\right)_0 = \left(\frac{K}{L}\right)_1$。假定增加后的资本和劳动分别是原有资本与劳动的两倍，即 $K_1 = 2K_0$，$L_1 = 2L_0$。这种情形类似于"复制"了一个一模一样的国家，将"两个国家"合并在一起，可以得到两倍于原有数量的产品。如图 8.4 所示，PPF_0 为初始状态的生产可能性边界，此时产品布和酒的最大产量分别为 $MaxC_0$ 和 $MaxW_0$。将 PPF_0 向右（上）平移得到 PPF_1，即为生产要素投入增加后新的生产可能性边界。此时布和酒的最大产量分别为 $MaxC_1$ 和 $MaxW_1$，且 $MaxC_1 = 2MaxC_0$，$MaxW_1 = 2MaxW_0$。另外，假定 $\left(\frac{P_C}{P_W}\right)_0$ 为产品布和酒的初始相对价格，C_0 和 W_0 为与此价格相对应的产品生产组合。由于"复制"的国家与原国家情形完全一样，所以产品价格未受影响，即生产要素投入增加后的相对价格与初始相对价格相同 $\left(\frac{P_C}{P_W}\right)_1 = \left(\frac{P_C}{P_W}\right)_0$。$C_1$ 和 W_1 为新的产品生产组合。根据以上分析，我们可以推知 $C_1 = 2C_0$ 和 $W_1 = 2W_0$。

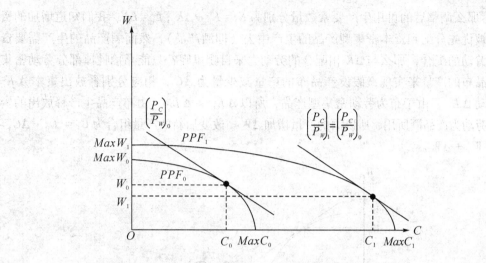

图 8.2　K 和 L 同时增长且 K/L 保持不变时的生产改变

思考：

[8.1]　如果上述要素增长情况发生在资本富裕型国家，结果会怎样？

[8.2]　如果生产要素投入不是原来的两倍，而是 n 倍（n>2），结果会怎样？

[8.3]　如果成本不变或者成本递减，则上述要素增长情况会怎样影响生产？

二、资本增加，劳动力不变

资本增加而劳动力保持不变，所以资本劳动比变大，即 $\left(\dfrac{K}{L}\right)_0 < \left(\dfrac{K}{L}\right)_1$。如图 8.3 所示，$PPF_0$ 为初始状态的生产可能性边界，此时产品布和酒的最大产量分别为 $MaxC_0$ 和 $MaxW_0$。已知酒为资本密集型产品，可用资本的增加有利于产品酒的生产，所以当该国专业化生产酒时，酒的产量有明显提高，$MaxW_1 > MaxW_0$。而布为劳动密集型产品，对资本的需求相对较少，即便可用资本有显著增加，囿限于产品自身特点，其最大产量仅有少量增加（从 $MaxC_0$ 到 $MaxC_1$），无法像产品酒一样有大幅度提高。另外，假定 $\left(\dfrac{P_C}{P_W}\right)_0$ 为产品布和酒的初始相对价格，C_0 和 W_0 为与此价格相对应的产品生产组合。理论上来讲，资本劳动比的增加将导致资本与劳动力相对价格的降低，即 $\left(\dfrac{r}{w}\right)_0 > \left(\dfrac{r}{w}\right)_1$，由此会带来成品相对价格 $\left(\dfrac{P_C}{P_W}\right)_0$ 的改变。由于这种情况非常复杂，为避免过于复杂的分析给大家带来更多理解上的困扰，我们仅分析最简单的情况，要素相对价格和产品相对价格保持不变，即 $\left(\dfrac{r}{w}\right)_0 = \left(\dfrac{r}{w}\right)_1$，$\left(\dfrac{P_C}{P_W}\right)_1 = \left(\dfrac{P_C}{P_W}\right)_0$。$C_1$ 和 W_1 为新的产品生产组合。我们发现资本密集型产品酒的产量有所增加，而劳动密集型产品布的产量有所减少，即 $C_1 < C_0$，$W_1 > W_0$。为什么会产生这样的结果呢？假设资本的增量为

ΔK，那么调整后的可用生产要素数量分别为 $K_1 = K_0 + \Delta K$，$L_1 = L_0$。我们知道增加的资本会被优先分配到资本密集型产品的生产中去（即酒产品），然而酒产品的生产需要资本与劳动的配合，那么与 ΔK 相配合的劳动力来自哪里呢？只能靠牺牲掉部分劳动密集型产品布的产量来实现，假设产品布的产量减少量为 ΔC，相应分别释放出资本 ΔK_C 和劳动 ΔL_C，由于布为劳动密集型产品，所以 $\Delta K_C < \Delta L_C$。由布产品生产释放出的资本和劳动为产品酒所用，所以酒的产量增加 ΔW。改变后新的产量组合为 $C_1 = C_0 - \Delta C$，$W_1 = W_0 + \Delta W$。

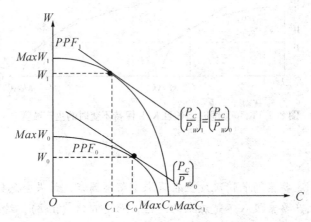

图 8.3　K 增长，L 保持不变，K/L 增加时的生产改变

思考：

[8.4] 如果上述要素增长情况发生在资本富裕型国家，结果会怎样？

[8.5] 如果成本不变或者成本递减，则上述要素增长情况会怎样影响生产？

[8.6] 为什么可用劳动力不变，劳动密集型产品布的最大化产量也会小幅度增加，即 $MaxC_0 < MaxC_1$？

三、劳动力增加，资本不变

劳动力增加而资本保持不变，所以资本劳动比变大，即 $\left(\dfrac{K}{L}\right)_0 > \left(\dfrac{K}{L}\right)_1$。如图 8.2 所示，$PPF_0$ 为初始状态的生产可能性边界，此时产品布和酒的最大产量分别为 $MaxC_0$ 和 $MaxW_0$。已知布为劳动密集型产品，可用劳动力的增加有利于产品布的生产，所以当该国专业化生产布时，布的产量有明显提高，$MaxC_1 > MaxC_0$。而酒为资本密集型产品，对劳动的需求相对较少，即便可用劳动力有显著增加，囿限于产品自身特点，其最大产量仅有少量增加（从 $MaxW_0$ 到 $MaxW_1$），无法像产品布一样有大幅度提高。另外，假定 $\left(\dfrac{P_C}{P_W}\right)_0$ 为产品布和酒的初始相对价格，C_0 和 W_0 为与此价格相对应的产品生产组合。理论上来讲，资本劳动比的减少将导致资本与劳动力相对价格的提高，即 $\left(\dfrac{r}{w}\right)_0$

$< \left(\frac{r}{w}\right)_1$，由此会带来成品相对价格 $\left(\frac{P_C}{P_W}\right)_0$ 的改变。由于这种情况非常复杂，为避免过于复杂的分析给大家带来更多理解上的困扰。我们仅分析最简单的情况，要素相对价格和产品相对价格保持不变，即 $\left(\frac{r}{w}\right)_0 = \left(\frac{r}{w}\right)_1$，$\left(\frac{P_C}{P_W}\right)_1 = \left(\frac{P_C}{P_W}\right)_0$。$C_1$ 和 W_1 为新的产品生产组合。我们发现劳动密集型产品布的产量有所增加，而资本密集型产品酒的产量有所减少，即 $C_1 > C_0$，$W_1 < W_0$。为什么会产生这样的结果呢？假设劳动力的增量为 ΔL，那么调整后的可用生产要素数量分别为 $K_1 = K_0$，$L_1 = L_0 + \Delta L$。我们知道增加的劳动力会被优先分配到劳动密集型产品的生产中去（即布产品），然而布产品的生产需要资本与劳动的配合，那么与 ΔL 相配合的劳动力来自哪里呢？只能靠牺牲掉部分资本密集型产品酒的产量来实现，假设产品酒的产量减少量为 ΔW，相应分别释放出资本 ΔK_W 和劳动 ΔL_W，由于酒为资本密集型产品，所以 $\Delta K_W > \Delta L_W$。由酒产品生产释放出的资本和劳动为产品布所用，所以布的产量增加 ΔC。改变后新的产量组合为 $C_1 = C_0 + \Delta C$，$W_1 = W_0 - \Delta W$。

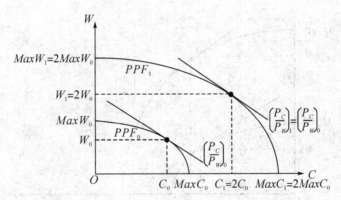

图 8.4 K 保持不变，L 增长，K/L 减少时的生产改变

思考：

[8.7] 如果上述要素增长情况发生在资本富裕型国家，结果会怎样？

[8.8] 如果成本不变或者成本递减，则上述要素增长情况会怎样影响生产？

[8.9] 为什么可用资本不变，资本密集型产品酒的最大化产量也会小幅度增加，即 $MaxW_0 < MaxW_1$？

总结上文第二和第三种情况，可以得出结论：在要素和商品价格不变的情况下，一种生产要素的数量增加而另一种要素的数量保持不变，其结果是密集地使用前者进行生产的产品数量将增加，而密集使用后者进行生产的产品数量将绝对减少。这就是雷布津斯基定理，由经济学家 Tadeusz Rybczynski（塔德乌什·雷布津斯基）于 1955 年提出。

四、资本和劳动同时增加，且资本劳动比提高

资本和劳动同时增加，且资本增加的幅度更大一些，就会导致资本劳动比提高，

即 $\left(\dfrac{K}{L}\right)_0 < \left(\dfrac{K}{L}\right)_1$。这种情况的分析与上文第二部分的内容相似，只不过由于可用劳动更多了，所以劳动密集型产品布最大产量的增加量与第二部分相比会相应变大，不过仍然小于资本密集型产品酒最大产量的增加幅度。如图 8.5（a）~（c）所示，PPF_0 为初始状态的生产可能性边界，此时产品布和酒的最大产量分别为 $MaxC_0$ 和 $MaxW_0$。PPF_1 为要素增加后的生产可能性边界，此时产品布和酒的最大产量分别为 $MaxC_1$ 和 $MaxW_1$。PPF_1 相较于 PPF_0 要陡峭一些。另外，由于两种要素的可用量都有所增加，所以两者的单价都会不同程度的降低，新旧要素价格比有三种可能，$\left(\dfrac{r}{w}\right)_0 >$、= 或 $< \left(\dfrac{r}{w}\right)_1$，从而导致新旧产品价格之比也有三种可能 $\left(\dfrac{P_C}{P_W}\right)_0 >$、= 或 $< \left(\dfrac{P_C}{P_W}\right)_1$。在实际生产中，两种产品的产量有可能同时增加（如图 8.5（a）所示），也有可能酒的产量增加而布的产量不变（如图 8.5（b）所示）或减少（如图 8.5（c）所示）。

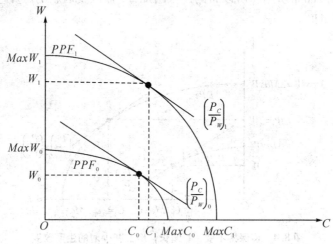

（a）布和酒的产量同时增加

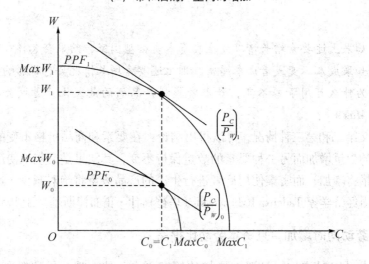

（b）布的产量不变但酒的产量增加

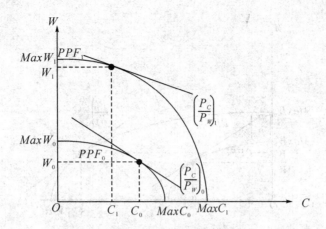

（c）布的产量减少但酒的产量增加

图 8.5　K 和 L 同时增长且 K/L 增加时的生产改变

思考：

　　[8.10] 如果上述要素增长情况发生在资本富裕型国家，结果会怎样？

　　[8.11] 如果成本不变或者成本递减，则上述要素增长情况会怎样影响生产？

　　[8.12] 上述情况下，有没有可能布和酒的产量同时减少呢？

五、资本和劳动同时增加，且资本劳动比降低

　　资本和劳动同时增加，但是劳动增加的幅度更大一些，就会导致资本劳动比降低，即 $\left(\dfrac{K}{L}\right)_0 > \left(\dfrac{K}{L}\right)_1$。这种情况的分析与上文第一部分的内容相似，只不过由于可用资本更多了，所以资本密集型产品酒最大产量的增加量与第一部分相比会相应变大，不过仍然小于劳动密集型产品布最大产量的增加幅度。如图 8.6（a）-（c）所示，PPF_0 为初始状态的生产可能性边界，此时产品布和酒的最大产量分别为 $MaxC_0$ 和 $MaxW_0$。PPF_1 为要素增加后的生产可能性边界，此时产品布和酒的最大产量分别为 $MaxC_1$ 和 $MaxW_1$。PPF_1 相较于 PPF_0 要平缓些。另外，由于两种要素的可用量都有所增加，所以两者的单价都会不同程度的降低，新旧要素价格比有三种可能，$\left(\dfrac{r}{w}\right)_0 >=$ 或 $<\left(\dfrac{r}{w}\right)_1$，从而导致新旧产品价格之比也有三种可能 $\left(\dfrac{P_C}{P_W}\right)_0 >$、$=$ 或 $<\left(\dfrac{P_C}{P_W}\right)_1$。在实际生产中，两种产品的产量有可能同时增加（如图 8.6（a）所示），也有可能布的产量增加酒的产量不变（如图 8.6（b）所示）或减少（如图 8.6（c）所示）。

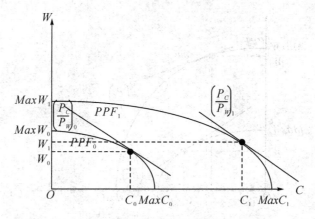

（a）布和酒的产量同时增加

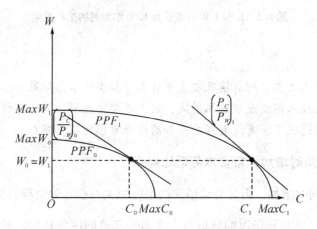

（b）布的产量增加但酒的产量不变

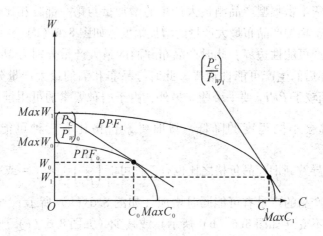

（c）布的产量增加但酒的产量减少

图 8.6　K 和 L 同时增长且 K/L 减少时的生产改变

思考：

　　[8.13]　如果上述要素增长情况发生在资本富裕型国家，结果会怎样？

　　[8.14]　如果成本不变或者成本递减，则上述要素增长情况会怎样影响生产？

　　[8.15]　上述情况下，有没有可能布和酒的产量同时减少呢？

阅读8.1

　　一国（特别是中小国家）的某一初级产品行业异常繁荣，而导致其他行业衰落的现象，被称作"荷兰病"。

　　1947年，为了降低成本和分担风险，两大世界石油巨头皇家壳牌和埃克森美孚合资成立了NAM公司，该公司随即在北海沿岸钻探寻找油气。1959年，在荷兰北海东岸的格罗宁根，发现了当时世界上规模最大的天然气田。1960年，荷兰对外公布这一重大发现，并于1963年开始正式投产。至20世纪70年代初期，格罗宁根大气田能够满足欧洲当时50%的市场需求。

　　当时荷兰一跃成为欧洲天然气市场的主要供给方，出口激增，国际收支出现顺差，荷兰盾大幅升值。一面是意外之财滚滚而来，另一面却是其他工业行业，特别是传统制造业不停地萎缩，使得本身具备一定制造业基础的荷兰，出现了所谓的"反工业化"现象。

　　更糟糕的是，在这场资源盛宴中，还出现了与先前荷兰人奋力抗争恶劣自然条件形象严重不符的"惰性危机"，即借助完善的、甚至是过度的社会福利体系逃避应当付出的劳动。1976年荷兰出台《无劳动能力法》，使得残疾金的福利待遇高于失业救济金。在劳资双方合谋之下，对残疾人认定标准极度宽松，使得荷兰"残疾人"数目骤增，残疾金领取者从最初的不到20万人，到1980年达66万人，1989年达到高峰100万人，占就业者的六分之一。

　　之所以有这么多健康的人能得以安享"不需要工作的福利"，最重要的原因就在于出口天然气的收入在当时能够支撑高额的福利支出。然而，福利的狂欢注定是无法永远持续的，天上掉下来的馅饼也有吃完的一天。到了20世纪80年代初，荷兰出现了严重的经济危机，经济增长乏力，增长率长期低于OECD国家的平均水平，失业率高企，一度达到12%，财政出现严重赤字，入不敷出，以至于1990年荷兰首相吕贝尔斯惊呼："荷兰病来了！"

　　获得更多的自然资源明明是件好事，为什么最后却沦为一场经济灾难？这个问题引起了诸多经济学家的兴趣。Corden和Neary（1982）认为假设一国经济最初处于充分就业状态，如果突然发现了某种自然资源或者自然资源的价格意外上涨，将会导致两方面的后果：一是劳动力和资本转向资源出口部门；二是可贸易的制造业部门就不得不花费更大的代价来吸引劳动力，制造业劳动力成本的上升，首当其冲受影响的是制造业的竞争力。同时，由于出口自然资源带来外汇收入的增加，使得本币升值，再次打击了制造业的出口竞争力，这被称为资源转移效应。另外，自然资源出口带来的收入增长，会加大对制造业的产品需求，但这时对制造业产品需求的增加却是通过进口国外同类价格相对更便宜的制成品来满足的，这对本国的制造业来说又是一个灾难。

这样一来，制造业的衰落会导致人力资本的外流，这也意味着经济活动中最具创造性和持续性因素的弱化。制造业除了自身是重要的经济部门外，对一国经济的整体发展还会产生强烈的正外部性，主要表现为对技术创新、组织变革和企业家培养的引领作用。而自然资源开采部门对于商业模式的创新、对于高素质人才的需求等均不旺盛，对其他经济部门的外部性并不显著，往往是本部门经济一家独大。所以，"荷兰病"的典型表现就是在自然资源突然丰裕的情况下，即使服务业会有所繁荣，但制造业会逐步衰落，最终影响本国经济的内生竞争力和长远健康发展。

资料来源：孔昊. "荷兰病"之殇［J］. 支点，2015（5）：106-111.

第二节　技术进步与经济增长

技术进步可以提高生产效率，从而在不增加生产要素投入的前提下也能促进经济增长。技术进步可分为以下三种类型：

一是劳动节约型技术进步（Labor-Saving Technical Progress）。这种技术进步促使生产中的资本要素的生产效率的增加大于劳动的生产效率的增加，在生产中由资本替代劳动。这相当于即便在资本与劳动的价格比（$\frac{r}{w}$）保持不变的情况下，每单位产出的资本与劳动投入比（$\frac{K}{L}$）会上升。换而言之，当产量不变时，每单位劳动力搭配更多的资本，或者说每单位资本需要更少的劳动力进行搭配，因而这种技术进步称为劳动节约型的。

二是资本节约型技术进步（Capital-Saving Technical Progress）。这种技术进步使得生产中的劳动要素的生产效率的增加大于资本的生产效率的增加，在生产中由劳动替代资本。这相当于在资本与劳动的价格比（$\frac{r}{w}$）不变的情况下，每单位产出的资本与劳动投入比（$\frac{K}{L}$）下降。换而言之，产量不变时，每单位劳动力搭配更少的资本，或者说每单位资本需要更多的劳动力进行搭配，因而这种技术进步称为资本节约型的。

三是中性技术进步（Neutral Technical Progress）。这种技术进步会促使劳动和资本的生产效率同比例增加。发生中性技术进步后，资本与劳动的价格比（$\frac{r}{w}$）不变，每单位产出的资本与劳动投入比（$\frac{K}{L}$）也保持不变，也就是说，生产过程中不会发生劳动替代资本或相反的情况，只是生产原有的产量现在只需要较少的劳动投入和较少的资本投入。

无论哪种类型的技术进步均有利于促进经济增长，最终效果与技术进步的类型以及技术进步作用于产品的程度有关。简单起见，本章仅关注中性技术进步的情况。以劳动富裕型国家为例，当中性技术进步同时发生在两种产品的生产上时，如图8.7（a）~（c）所示，初始生产可能性边界PPF_0会向右（上）移动至PPF_1。在中性技术进步对生产的影响程度不能确定时，生产可能性边界的移动有三种形式：图8.7（a）展示了由PPF_0向右(上)平行移动至PPF_1，说明中性技术进步对两种产品有相同程度的影响；图8.7（b）中PPF_1与PPF_0相比更加陡峭，说明中性技术进步对产品酒的影响比对产品布的影响程度更深一些；图8.7（c）中PPF_1比PPF_0更加平坦，说明中性技术进步对产品布的影响比对产品酒的影响程度更深一些。

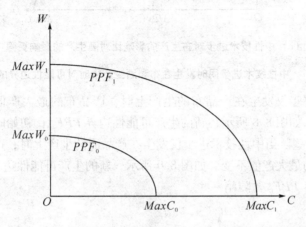

（a）中性技术进步对布和酒生产有同等影响

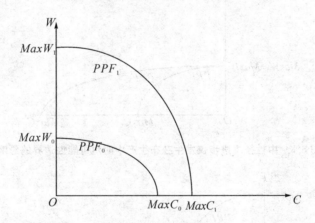

（b）中性技术进步对酒生产的影响比对布生产的影响更强

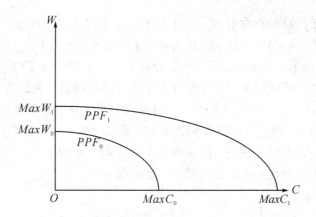

（c）中性技术进步对布生产的影响比对酒生产的影响更强

图 8.7 中性技术进步同时发生在布和酒生产中时对可能性边界的影响

当中性技术进步仅发生在产品布的生产上时，产品布的最大产值增加，而产品酒的最大产值不变。如图 8.8 所示，新的生产可能性边界 PPF_1 比初始时的生产可能性边界 PPF_0 要平坦一些。当中性技术进步仅发生在产品酒的生产上时，产品酒的最大产值增加，而产品布的最大产值不变。如图 8.9 所示，新的生产可能性边界 PPF_1 比初始时的生产可能性边界 PPF_0 要陡峭一些。

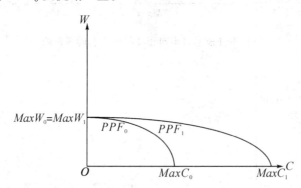

图 8.8 中性技术进步仅发生在布生产中时对可能性边界的影响

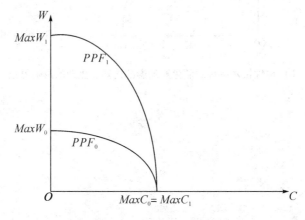

图 8.9 中性技术进步仅发生在酒生产中时对可能性边界的影响

思考：

[8.16] 假设该国的消费者偏好不变，即社会无差异曲线不变，请分析并找到中性技术进步前后图 8.7（a）～（c），图 8.8 和图 8.9 中的新旧生产组合点以及国内均衡相对价格。

[8.17] 如果上文所述情况发生在资本富裕型国家，结果会怎样呢？

第三节 经济增长与国际贸易

一、经济增长、消费改变与贸易规模

一国进（出）口什么，进（出）口多少，不仅跟该国的生产有关，还跟两个因素有密切关系：一是该国消费。如果消费者偏好发生改变，即便生产保持不变，该国的进出口结构也会发生变化。二是国际相对交易价格。保持一国生产可能性边界及反映消费者偏好的社会无差异曲线不变，如果国际相对交易价格发生改变，则该国的进出口结构随之改变。

不考虑消费对贸易模式的影响，单分析经济增长对国际贸易模式的影响，如表 8.1 所示，主要可细分为 8 种组合情况。概括来讲有：（1）～（2）当经济增长的结果是出口产品的产量增加，从而出口量增加，而进口替代品的产量减少或者不变，从而进口量相应增加或不变时，贸易规模（即一国进出口总量）会由此扩张；（3）～（4）当经济增长的结果是出口产品的产量减少，从而出口量减少，而进口替代品的产量增加或者不变，从而进口量相应减少或不变时，贸易规模会由此缩小；（5）～（6）当经济增长的结果是出口产品和进口替代品的产量同时增加或减少，出口量和进口量呈相反方向变化时，贸易规模的改变是不确定的，有可能扩张、不变或减少，需视具体情况而定；（7）～（8）当经济增长的结果是出口产品的产量不变，同时进口替代品的产量减少或者增加时，则出口量不变而进口量相应增加或者减少，因此贸易规模会相应扩张或者缩小。

表 8.1　　　　　　　　　　经济增长对贸易模式的影响

	出口产品产量	进口替代产品产量	出口量	进口量	贸易规模
（1）	增多	减少	增加	增加	扩张
（2）		不变	增加	不变	扩张
（3）		增多	增加	减少	扩张/不变/缩小
（4）	减少	减少	减少	增加	扩张/不变/缩小
（5）		不变	减少	不变	缩小
（6）		增多	减少	减少	缩小
（7）	不变	减少	不变	增加	扩张
（8）		增加	不变	减少	缩小

同样的，不考虑经济增长对贸易模式的影响，从消费变化的角度进行分析，也有 8 种组合情况，具体如表 8.2 所示。概括来讲有：（1）～（2）当消费变化的结果是对出口产品的消费量增加，从而出口量减少，而对进口替代品的消费量减少或者不变，从而进口量相应减少或不变时，贸易规模会由此缩小；（3）～（4）当消费变化的结果是对出口产品的消费量减少，从而出口量增加，而对进口替代品的消费量增加或者不变，从而进口量相应增加或不变时，贸易规模会由此扩张；（5）～（6）当消费变化的结果是对出口产品和进口替代品的消费量同时增加或减少，出口量和进口量呈相反方向变化时，贸易规模的改变是不确定的，有可能扩张、不变或减少，需视具体情况而定；（7）～（8）当消费变化的结果是出口产品的消费量不变，同时进口替代品的消费量减少或者增加时，则出口量不变而进口量相应减少或者增加，因此贸易规模会相应缩小或者扩张。

表 8.2　　　　　　　　　　　　消费变化对贸易模式的影响

	出口产品消费量	进口替代产品消费量	出口量	进口量	贸易规模
(1)	增多	减少	减少	减少	缩小
(2)		不变	减少	不变	缩小
(3)		增多	减少	增加	扩张/不变/缩小
(4)	减少	减少	增加	减少	扩张/不变/缩小
(5)		不变	增加	不变	扩张
(6)		增多	增加	增加	扩张
(7)	不变	减少	不变	减少	缩小
(8)		增加	不变	增加	扩张

最后呈现的总效应，是由经济增长和消费变化共同作用决定的，主要有 9 种情形，具体如表 8.3 所示。概括来讲有：（1）～（2）当经济增长促使贸易规模扩张，消费变化促使贸易规模扩张或者不变时，贸易规模最终会扩张；（8）～（9）当经济增长促使贸易规模缩小，消费变化促使贸易规模不变或者缩小时，贸易规模最终会缩小；（4）～（6）当经济增长对贸易规模没有影响，消费变化促使贸易规模扩张、不变或缩小时，贸易规模最终会相应的扩张、不变或缩小；（3）&（7）当经济增长与消费变化对贸易规模起相反的作用时，贸易规模最终有三种可能结果，扩张、不变或缩小，需具体情况具体分析。

表 8.3　　　　　　　　　　经济增长和消费变化对贸易规模的影响

	经济增长的效应	消费变化的效应	总效应
(1)	扩张	扩张	扩张
(2)		不变	扩张
(3)		缩小	扩张/不变/缩小

表8.3(续)

	经济增长的效应	消费变化的效应	总效应
(4)		扩张	扩张
(5)	不变	不变	不变
(6)		缩小	缩小
(7)		扩张	扩张/不变/缩小
(8)	缩小	不变	缩小
(9)		缩小	缩小

　　在分析经济增长与国际贸易的关系时，大国和小国是有很大区别的。在国际贸易中，区分一个国家是大国还是小国，并不是从国土面积，政治或经济实力上界定，而是从它的需求和供给上看。如果该国某商品的供给占世界市场该商品的大部分从而能对世界市场供给产生很大影响，则是该商品的供给大国；如果只占很小一部分从而对世界市场无明显影响力，就是该商品的供给小国；同样界定某商品需求大国和需求小国。下面分小国和大国两种情况进行讨论。

思考：

　　[8.18] 试分析图8.1中所示各种要素增长形式对贸易模式的影响。

　　[8.19] 试分析图8.7（a）~（c），图8.8和图8.9中各种中性技术进步对贸易模式的影响。

　　[8.20] 试举一些关于贸易大国和贸易小国的实例。

二、经济增长与国际贸易（小国情形）

　　为了简化分析，也为了突出经济增长与国际贸易之间的关系，我们接下来的分析中假定消费者偏好保持不变，即社会无差异曲线不变。同时，假定分析的小国既是所有产品的供给小国也是需求小国。

　　小国对国际市场价格没有影响力，是国际市场价格的被动接受者，无论国内生产发生怎样的改变，只要国际市场价格不变，其对外贸易时的交易价格就不会发生变化。

　　我们以技术进步带来的经济增长为例。假设劳动富裕型国家的资本密集型产品酒发生了中性技术进步，劳动密集型产品布的生产未发生技术改变。如图8.10所示，PPF_0 和 PPF_1 分别为中性技术进步前后的生产可能性边界；$\left(\dfrac{P_C}{P_W}\right)_0$ 和 $\left(\dfrac{P_C}{P_W}\right)_1$ 分别为中性技术进步前后的国际市场均衡相对交易价格，由小国假定可推知 $\left(\dfrac{P_C}{P_W}\right)_0 = \left(\dfrac{P_C}{P_W}\right)_1$；$A_0$ 和 B_0 分别为中性技术进步前的生产和消费组合点，A_1 和 B_1 分别为中性技术进步后的生产和消费组合点；作为劳动富裕型国家，根据要素禀赋理论，应出口劳动密集型产品布，进口资本密集型产品酒。X_0 和 M_0 分别为中性技术进步前的出口量和进口量，X_1 和 M_1 分别为中性技进步后的出口量和进口量。观察比较得知，技术进步后，产品酒的产量增加，产品布的产量减少，出口量减少（$X_1 < X_0$），进口量也减少（$M_1 < M_0$），贸易条件保持不变，贸易规模缩小（$M_1 + X_1 < M_0 + X_0$），国民整体福利增加（效用水平由社会无差异曲线U_0转变为右上方的U_1），由于劳动力数量保持不变，所以人均福利随之增加。

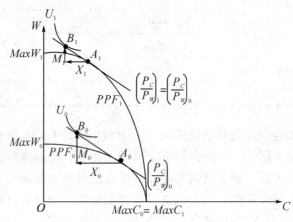

图 8.10　仅酒生产发生中性技术进步时对国际贸易的影响（小国）

假设劳动富裕型国家的劳动密集型产品布发生了中性技术进步，资本密集型产品酒的生产未发生改变。如图 8.11 所示，PPF_0 和 PPF_1 分别为中性技术进步前后的生产可能性边界；$\left(\dfrac{P_C}{P_W}\right)_0$ 和 $\left(\dfrac{P_C}{P_W}\right)_1$ 分别为跃居第一 技术进步前后的国际市场均衡相对交易价格，由小国假定可推知 $\left(\dfrac{P_C}{P_W}\right)_0 = \left(\dfrac{P_C}{P_W}\right)_1$；$A_0$ 和 B_0 分别为中性技术进步前的生产和消费组合点，A_1 和 B_1 分别为中性技术进步后的生产和消费组合点。X_0 和 M_0 分别为中性技术进步前的出口量和进口量，X_1 和 M_1 分别为中性技术进步后的出口量和进口量。观察比较得知，技术进步后，产品布的产量增加，产品酒的产量减少，出口量增加（$X_1 > X_0$），进口量也增加（$M_1 > M_0$），贸易条件保持不变，贸易规模扩张（$M_1 + X_1 > M_0 + X_0$），国民整体福利增加（效用水平由社会无差异曲线 U_0 转变为右上方的 U_1），由于劳动力数量保持不变，所以人均福利随之增加。

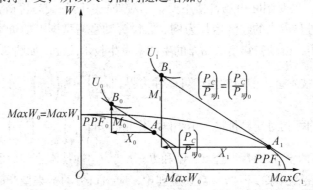

图 8.11　仅布生产发生中性技术进步时对国际贸易的影响（小国）

思考：

[8.21] 国民整体福利增加，人均福利一定会增加吗？为什么？请举例说明。

[8.22] 小国情形下，若是产品布和酒的生产同时发生技术进步会怎样呢？

[8.23] 小国情形下，不考虑消费者偏好的变化，试分析本章第一节图 8.1 提到的所有要素增长形式对国际贸易的影响。若是考虑消费者偏好的变化呢？

[8.24] 小国情形下，什么样的经济增长对贸易规模没有影响呢？可否举例说明？

[8.25] 小国情形下，资本富裕型国家的经济增长对国际贸易的影响有何不同？

三、经济增长与国际贸易（大国情形）

我们接下来的分析中同样假定消费者偏好保持不变，即社会无差异曲线不变。

大国对国际市场价格有影响力，供给大国的生产发生变化时会影响产品在国际市场上的供给，改变国际市场上的供给需求关系，从而引起国际市场上交易价格的改变。同样的，需求大国的消费发生变化时会影响产品在国际市场上的需求，从而改变国际市场上的供给需求关系，引起国际市场上交易价格的改变。

假定我们分析的国家既是需求大国也是供给大国。我们仍然以中性技术进步带来的经济增长为例。假设劳动富裕型国家的资本密集型产品酒发生了中性技术进步，劳动密集型产品布的生产未发生改变。如图 8.12 所示，PPF_0 和 PPF_1 分别为中性技术进步前后的生产可能性边界；$\left(\frac{P_C}{P_W}\right)_0$ 和 $\left(\frac{P_C}{P_W}\right)_1$ 分别为中性技术进步前后的国际市场均衡相对交易价格；A_0 和 B_0 分别为中性技术进步前的生产和消费组合点，A_1 和 B_1 分别为中性技术进步后的生产和消费组合点。先不考虑价格变化，$\left(\frac{P_C}{P_W}\right)_0' = \left(\frac{P_C}{P_W}\right)_0$，技术改变后生产组合点由 A_0 转变为 A_0'，产品酒的产量由 W_0 增加为 W_0'，产品布的产量由 C_0 减少为 C_0'。换而言之，进口替代品产量增加，而出口产品产量减少。由大国假定可推知，进口替代品产量增加，则对国际市场上的进口需求减弱，因此国际市场上酒（进口替代品）价格将会下跌；而出口产品产量减少，则向国际市场上的出口供给相应减少，因此国际市场上布（出口品）价格将会上涨。综合来看，产品布和酒的国际相对价格会提高，即 $\left(\frac{P_C}{P_W}\right)_0 < \left(\frac{P_C}{P_W}\right)_1$。$X_0$ 和 M_0 分别为中性技术进步前的出口量和进口量，X_1 和 M_1 分别为中性技术进步后的出口量和进口量。观察比较得知，中性技术进步后，产品布的产量增加，产品酒的产量出口量增加（$X_1 > X_0$），进口量增加（$M_1 > M_0$），贸易条件改善，贸易规模扩大（$M_1 + X_1 > M_0 + X_0$），国民整体福利增加（效用水平由社会无差异曲线 U_0 转变为右上方的 U_1），由于劳动力数量保持不变，所以人均福利随之增加。与小国情形相比，总福利与人均福利增加幅度更大（$U_1 > U_0'$）。

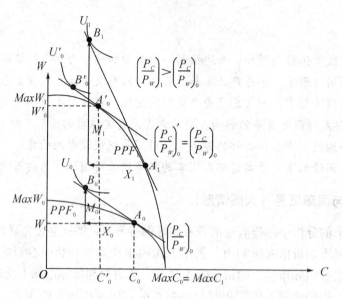

图 8.12　仅酒生产发生技术中性进步时对国际贸易的影响（大国）

思考：

　　[8.26] 如图 8.12 所示的中性技术进步状况，有可能导致贸易规模缩小（$M_1 + X_1 < M_0 + X_0$）或者不变（$M_1 + X_1 = M_0 + X_0$）吗？

　　假设劳动富裕型国家的劳动密集型产品布发生了中性技术进步，资本密集型产品酒的生产未发生改变。如图 8.13 所示，PPF_0 和 PPF_1 分别为中性技术进步前后的生产可能性边界；$\left(\dfrac{P_C}{P_W}\right)_0$ 和 $\left(\dfrac{P_C}{P_W}\right)_1$ 分别为中性技术进步前后的国际市场均衡相对交易价格；A_0 和 B_0 分别为中性技术进步前的生产和消费组合点，A_1 和 B_1 分别为中性技术进步后的生产和消费组合点。先不考虑价格变化，$\left(\dfrac{P_C}{P_W}\right)_0' = \left(\dfrac{P_C}{P_W}\right)_0$，技术改变后生产组合点由 A_0 转变为 A_0'，产品布的产量由 C_0 增加为 C_0'，产品酒的产量由 W_0 减少为 W_0'，换而言之，出口品产量增加，而进口替代品产量减少。由大国假定可推知，出口产品产量增加，则对国际市场上的出口供给增加，因此国际市场上布（出口品）价格将会下跌；而进口替代品产量减少，则向国际市场上的进口需求相应增加，因此国际市场上酒（进口替代品）价格将会上涨。综合来看，产品布和酒的国际相对价格会降低，即 $\left(\dfrac{P_C}{P_W}\right)_0 > \left(\dfrac{P_C}{P_W}\right)_1$。$X_0$ 和 M_0 分别为中性技术进步前的出口量和进口量，X_1 和 M_1 分别为中性技术进步后的出口量和进口量。观察比较得知，技术进步后，产品布的产量增加，产品酒的产量减少，出口量增加（$X_1 > X_0$），进口量增加（$M_1 > M_0$），贸易条件恶化，贸易规模扩大（$M_1 + X_1 > M_0 + X_0$），国民整体福利增加（效用水平由社会无差异曲线 U_0 转变为右上方的 U_1），由于劳动力数量保持不变，所以人均福利随之增加。但与小国情形相比，总福利与人均福利增加幅度要小一些（$U_1 < U_0'$）。如果价格改变幅度更大一些，比如降低到$\left(\dfrac{P_C}{P_W}\right)_1'$的水平，则有可能出现国民总福利降低的情况（$U_1' < U_0$），称之为贫困化增长。而使得国民总福利得以改善的经济增长，我们称为有利的增长。

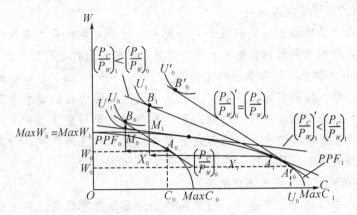

图 8.13　仅布生产发生中性技术进步时对国际贸易的影响（大国）

思考：

[8.27] 如图 8.13 所示的中性技术进步状况，有可能导致贸易规模缩小（$M_1 + X_1 < M_0 + X_0$）或者不变（$M_1 + X_1 = M_0 + X_0$）吗？

[8.28] 大国情形下，若是产品布和酒的生产同时发生技术进步会怎样呢？

[8.29] 大国情形下，不考虑消费者偏好的变化，试分析本章第一节图 8.1 提到的所有要素增长形式对国际贸易的影响。若是考虑消费者偏好的变化呢？

[8.30] 大国情形下，什么样的经济增长对贸易规模没有影响呢？可否举例说明？

[8.31] 大国情形下，资本富裕型国家的经济增长对国际贸易的影响有何不同？

四、贫困化增长

贫困化增长的发生需要满足以下五个条件：第一，该国必须是一个贸易大国，这样其大幅度的出口扩张必然导致该国价格贸易条件的恶化；第二，经济增长必须是偏向出口部门的；第三，该国经济严重依赖对外贸易，贸易条件的大幅度恶化才有可能导致整个社会福利的绝对下降；第四，外国对本国出口商品的需求必须是缺乏弹性的，以致由出口供给扩大引起的出口价格下跌对国际需求的促进作用并不大，所以出口收入会降低。

阅读 8.2

徐艳（2014）认为我国纺织品出口满足"贫困化增长"的前提条件：

1. 我国是纺织品出口大国

纺织品产业是我国重要的经济社会支柱产业，为社会提供了大量的税收、就业岗位，扩大了出口、增加了人们的收入。我国是世界上最大的纺织品贸易国。我国纺织品出口额逐年增加并且占我国总出口的比重较大。作为贸易大国，我国纺织品出口数量变化将会影响世界纺织品价格的变化，如果我国纺织品产品出口大量增加，在需求变化不大的情况下，将导致供过于求，价格下降。

2. 纺织品产业增长偏向出口

我国纺织品产业的增长比较侧重于对外贸易，出口对纺织品产业经济增长具有较强的拉动作用，纺织品贸易额呈整体上升的趋势。纺织品出口占我国出口总额的23%。

3. 国外对我国纺织品的需求价格弹性低

需求弹性表示，保持其他条件不变，一定时期内一种商品的需求量变动对于该商品的价格变动的反应程度或弹性。纺织品是一种典型的劳动密集型产品，同时也是一般生活用品，在经济学理论中，被认为是需求价格弹性较低的产品。所以国际市场纺织品价格的下降对需求的拉动效应不大（戴勇等，2007）。

4. 纺织品产业对国际贸易依存度高

我国纺织品80%以上依靠出口，纺织品产业外贸依存度很高，其企业多以外向型为主。我国的纺织品出口份额占世界的20%以上，但主要停留在加工贸易的阶段。低端出口产品的技术含量低，替代性强，而其对外贸易依存度却高达70%以上。

以上分析表明，我国的纺织品出口满足"贫困化增长"的四个前提条件，存在陷入"贫困化增长"困境的可能性。但是，以上四个条件并不必然造成贫困化增长。

资料来源：徐艳. 论我国纺织品出口潜存的"贫困化增长"［J］. 现代经济信息，2014（19）：179-180. 戴勇，俞林，徐立清. 我国对外贸易"贫困化增长"的实证分析［J］. 商业时代，2007（16）：32-34，43.

第二部分
国际贸易政策

第九章　关税

第一节　关税的定义和分类

关税是指进出口商品在经过一国关境时，由政府设置的海关向进出口商所征收的税收。其课税主体是进出口商人，课税客体是进出口货物。

关税具有强制性、无偿性和固定性等特点。关税的强制性主要体现在国家凭借政治权力依法征税，纳税人必须依法纳税，否则将受到法律制裁。关税的无偿性是指国家取得的税收收入，既不需要返还给纳税人，也不需要对纳税人直接支付任何报酬。关税的固定性是指国家在征税之前就通过法律形式，预先规定了征税对象和征收数额之间的数量比例，不经批准不能随意改变。

按照不同的标准，关税可划分为不同的种类。表 9.1 列出了几种常见的关税划分方式及种类。

表 9.1　　　　　　　　　　　　　　关税分类

分类标准	关税分类
按商品流向分	进口税、出口税、过境税
按征收方法分	从量税、从价税、混合税、选择税、滑准税
按征税目的分	财政关税、保护关税
按差别待遇分	进口附加税、差价税、特惠税、普遍优惠税

一、按照商品流向分

按照商品流向分，关税主要有进口税、出口税和过境税三种。

1. 进口税是进口国家的海关在外国商品输入时，对本国进口商所征收的关税。

2. 出口税是对本国出口的货物在运出国境时征收的一种关税。征收出口关税会增加出口货物的成本，不利于本国货物在国际市场上的竞争。征收出口税的目的主要是：①增加财政收入；②限制重要原材料的大量输出，保证国内供应；③提高以使用该国原材料为主的国外加工产品的生产成本，削弱其竞争能力；④抑制跨国公司在发展中国家低价收购初级产品。

3. 过境税是一国对于通过其关境的外国商品征收的关税。征收国既不是该商品的出口目的地也不是进口目的地。

二、按照征收方法分

按照征收方法分类，主要有从价关税、从量关税、混合关税、选择关税和滑准关税等。

1. 从价关税

从价关税依照进出口货物的价格作为征收关税的标准。这里的价格不是指成交价格，而是指进出口商品的完税价格或海关价格（式 9.1）。

从价税额 = 应税进出口货物数量 × 单位完税价格 × 适用税率　　　　　　　（式 9.1）

以中国为例，进口货物以海关审定的成交价格为基础的到岸价格（即货物的 CIF 价）作为完税价格；出口货物应当以海关审定的货物售于境外的离岸价格（即货物的 FOB 价），扣除出口关税后，作为完税价格。

2. 从量关税

从量关税依据进出口商品的数量、重量、容量、长度和面积等计量单位为标准来征收关税。它的特点是不因商品价格的涨落而改变税额，计算比较简单。从量关税额的计算公式如下（式 9.2）：

应纳税额 = 应税进口货物数量 × 关税单位税额　　　　　　　　　　　　（式 9.2）

3. 混合关税

混合关税又称为复合税，是对同一商品既征从量关税又征从价关税的一种办法。混合税额的计算公式如下（式 9.3）：

应纳税额 = 应税货物数量 × 关税单位税额 + 应税货物数量 × 单位完税价格 × 适用税率

（式 9.3）

4. 选择关税

选择关税对同一种货物在税则中规定有从量、从价两种关税税率。在征税时选择其中征税额较多的一种关税，也可选择税额较少的一种为计税标准计征。

5. 滑准关税

滑准关税又称滑动关税，是对某一商品按其市场价格标准分别制订不同价格档次的税率而征收的一种关税。关税税率为比例税率，随着商品价格由高到低而由低到高设置。征收这种关税的目的是使该种商品，不论其价格高低，其税后价格保持在一个预定的价格标准上。

三、按照征收目的分

按照征收目的，关税可分为财政关税和保护关税两种。

1. 财政关税

财政关税以增加国家财政收入为主，通常向由外国生产，国内消费需求大的产品征收。征收财政关税的条件：①商品的进口需求缺乏弹性；②税率不宜过高；税率高到了完全禁止进口的程度，就是禁止性关税。

2. 保护关税

保护关税为保护国内产业而征收。尽管征收财政关税的同时也可以起到保护国内产业的目的，但两者目的不同，税率也相应不同。

四、按照差别待遇分

按照差别待遇，关税主要有进口附加税、差价税、特惠税和普惠税等几种。

1. 进口附加税

进口附加税，是在征收正常进口税的基础上出于某种特定目的而额外加征的关税，通常是临时性的、出于某种特定目的而征收的，比如，保持进出口平衡，阻止外国商品倾销等。一般包括反倾销税、反补贴税、紧急关税、惩罚关税和报复关税等。

2. 差价税

差价税，又称差额税，是当本国生产的某种产品的国内价格高于同类进口商品的价格时，为削弱进口商品的竞争力而征收，使得进口商品税后价格至少与国内同类产品价格相等。差价税通常为保护因价格管制而致使市场售价高于世界市场价格的商品而设，会根据商品的世界市场价格而变化。

3. 特惠税

特惠税，又称优惠税，对来自特定国家的进口商品给予特别优惠的低关税或免税待遇。有的是互惠的，有的是非互惠的。

4. 普惠税

普惠税是发达国家给予发展中国家或地区的出口商品（特别是制成品和半制成品）的普遍的、非歧视的、非互惠的一种关税优惠待遇。

第二节 进口关税的效应（小国）

本节以进口关税为例，从价格、生产、消费、贸易和福利等多个角度分析征收关税对一个国家经济的影响。

在分析关税的影响时，大国和小国是有很大区别的。在国际贸易中，区分一个国家是大国还是小国，并不是从国土面积、政治或经济实力上界定，而是从它的需求和供给上看。详细内容请参见第八章第三节。

假设某小国进口某商品，如图 9.1 所示，在封闭状态下，该进口国商品的需求曲线和供给曲线分别为 D^M 和 S^M，均衡价格为 P^E，自由贸易时世界市场价格为 P^W，$P^E > P^W$。此时，该国国内的生产量和消费量分别为 QS^W 和 QD^W（$QS^W < QD^W$），国内消费多于国内生产的部分可以通过进口该商品来满足，即进口量 $M^W = QD^W - QS^W$。若对进口品征收从量关税，则 1 单位进口商品的成本将会提高单位从量税额 T。所以，进口商品的国内售价将会提高 T，在完全竞争市场假设前提下，国内生产的进口替代品的价格也会提高 T 以保持国内价格一致。综上所述，商品在国内的税后售价为 $P^T = P^W + T$，国内的生产量增加为 QS^T，消费量减少为 QD^T，进口量减少为 $M^T = QD^T - QS^T$。

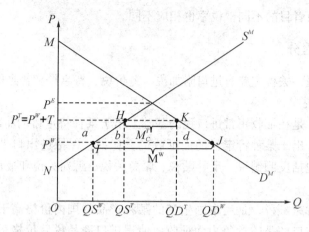

图 9.1　进口关税的效应（小国）

思考:

[9.1]　图 9.1 中世界价格可以高于国内均衡价格吗，即 $P^E < P^W$？

[9.2]　图 9.1 中税后价格可以高于国内均衡价格吗，即 $P^E < P^T$？

一国的总福利是其所有成员福利的总和。本例中小国的总福利由三部分组成：生产者的福利、消费者的福利和政府的福利，分别由生产者剩余、消费者剩余和政府收入来衡量。

生产者剩余。生产者出售每一单位商品的实际接受价格（即市场价格）高于所愿意接受的最低价格的差额部分。如图 9.2 所示，商品市场价格为 P_M，对应的市场供给量为 QS_M。生产者生产并出售第 1 单位的商品（QS_{1st}）所愿意接受的价格为 P_1。根据生产者剩余的定义，生产者通过生产并出售第 1 单位商品可获得的生产者剩余为 $PS_{1st} = P_M - P_1$。同理，生产者通过生产并出售第 2 单位商品（QS_{2nd}）可获得的生产者剩余为 $PS_{2nd} = P_M - P_2$。以此类推，每单位生产并销售的商品的生产者剩余均可被计算出来。生产者通过生产并出售最后 1 单位商品（QS_{Mth}）可获得的生产者剩余为 $PS_{Mth} = P_M - P_M = 0$。所以，当市场价格为 P_M 时，生产者通过生产并出售 QS_M 单位商品可获得的生产者总剩余为 $PS = PS_{1st} + PS_{2nd} + \cdots + PS_{Mth} = \int_1^M PS_{Mth} dM$，也即图 9.2 中三角形 a 的面积。

生产者剩余随着市场价格的上升（下降）而增加（减少）。在图 9.3 中，当市场价格为 P_0 时，生产者剩余为区域 $(a + b)$ 的面积。如果市场价格上升为 P_1，则生产者剩余增加为区域 $(a + b + c)$ 的面积；如果市场价格下降为 P_2，则生产者剩余减少为区域 a 的面积。

消费者剩余。消费者购买每一单位商品实际支付价格（即市场价格）低于所愿意支付的最高价格的差额部分。如图 9.4 所示，商品市场价格为 P_M，对应的市场供给量为 QD_M。消费者购买第 1 单位的商品（QD_{1st}）所愿意接受的价格为 P_1。根据消费者剩余的定义，消费者通过购买第 1 单位商品可获得的消费者剩余为 $CS_{1st} = P_M - P_1$。同

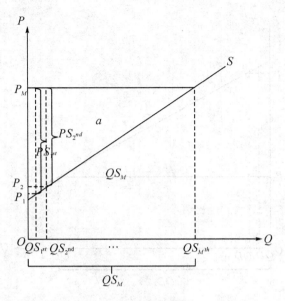

图 9.2　生产者剩余

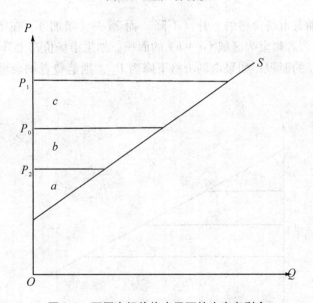

图 9.3　不同市场价格水平下的生产者剩余

理,消费者通过购买第 2 单位商品（QD_{2nd}）可获得的消费者剩余为 $CS_{2nd} = P_M - P_2$。依此类推,消费者通过购买最后 1 单位商品（QD_{Mth}）可获得的消费者剩余为 $CS_{Mth} = P_M - P_M = 0$。所以,当市场价格为 P_M 时,消费者通过购买 QD_M 单位商品可获得的消费者总剩余为 $CS = CS_{1st} + CS_{2nd} + \cdots + CS_{Mth} = \int_1^M CS_{Mth} dM$,也即图 9.4 中三角形 a 的面积。

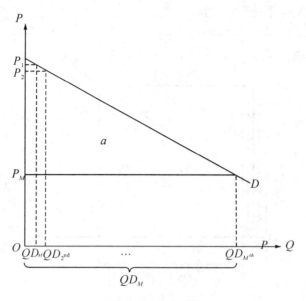

图 9.4 消费者剩余

消费者剩余随着市场价格的上升（下降）而 减少（增加）。在图 9.5 中，当市场价格为 P_0 时，消费者剩余为区域（$a + b$）的面积。如果市场价格上升为 P_1，则消费者剩余减少为区域 a 的面积；如果市场价格下降为 P_2，则消费者剩余增加为区域（$a + b + c$）的面积。

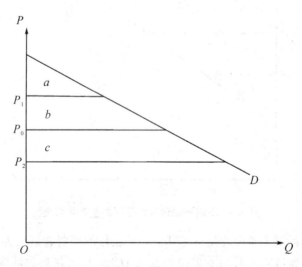

图 9.5 不同市场价格水平下的消费者剩余

在图 9.5 中，征收关税前商品的市场售价为 P^W，生产者剩余为三角形 NIP^W 的面积，消费者剩余为三角形 MJP^W 的面积，政府从此种商品进口中征得的关税额为 0；征收关税后商品的市场售价为 P^T，生产者剩余为三角形 NHP^T 的面积，消费者剩余为三角形 MKP^T 的面积，政府从此种商品进口中征得的关税额为进口量 M^T 与单位关税额 T 的乘积，也即矩形 c 的面积。比较征收关税前后，不难发现，生产者剩余增加了图中梯

形 a 的面积，消费者剩余减少了图中区域 $(a+b+c+d)$ 的面积，而政府收入增加了图中矩形 c 的面积。因此，征收进口关税使得该小国总福利减少了三角形 b 和三角形 d 的面积。

损失 $(b+d)$ 被称为重负损失。经济学中重负损失，又称为无谓损失或净福利损失，是由于商品或服务的均衡状态未能达到或无法实现而导致的经济效益损失。由于征收进口关税，图 9.1 中小国的生产被"扭曲"，从而偏离了自由贸易时的生产量（由 QS^W 增加为 QS^T）。我们知道进口商品是一国具有比较劣势的商品，进口替代品产量的增加会占用出口商品（即该国具有比较优势的商品）的生产资源，导致生产资源的无效率分配，由此引发的福利损失为三角形 b 的面积，我们称之为关税的生产"扭曲"成本。同样的，该国的消费也被"扭曲"，从而偏离了自由贸易时的消费量（由 QD^W 减少为 QD^T）。一方面，部分消费者因为关税导致的高价而无法继续负担或者选择不再负担该商品的消费；另一方面，选择继续消费的消费者不得不支付更高的价格，由此导致的福利损失为三角形 d 的面积，我们称之为关税的消费"扭曲"成本。

小国的任何改变对世界市场均无影响力，所以即便小国对其进口商品征收进口关税，其贸易条件也不会改变。表 9.2 总结了关税对小国的价格效应（即价格的改变）、生产效应（即生产量的改变）、消费效应（即消费量的改变）、贸易效应（即贸易量的改变）、贸易条件效应（即贸易条件的改变）以及福利效应（即总福利水平的改变）。其中福利效应考虑了生产者福利效应（即生产者剩余的改变）、消费者效应（即消费者剩余的改变）和政府收入效应（即政府收入的改变）。

表 9.2 进口关税的效应（小国）

	征收关税前	征收关税后	改变量
价格效应	P^W	P^T	T
生产效应	QS^W	QS^T	$QS^T - QS^W$
消费效应	QD^W	QD^T	$QD^T - QD^W$
贸易效应	M^W	M^T	$M^T - M^W$
贸易条件			贸易条件不变
福利效应	三角形 NIP^W + 三角形 MJP^W	三角形 NHP^T + 三角形 MKP^T +矩形 c	$-(b+d)$
生产者剩余	三角形 NIP^W	三角形 NHP^T	a
消费者剩余	三角形 MJP^W	三角形 MKP^T	$-(a+b+c+d)$
政府税收收入	0	矩形 c	c

思考：

[9.3] 如果小国对进口品征收从价税，请借助图 9.1 分析表 9.2 中所列的各种关税效应。

第三节　进口关税的效应（大国）

大国与小国的主要不同之处在于大国国内发生的变化是可以影响国际市场的。假定所有其他条件与小国情形下相同，如果大国对每一单位进口商品征收定量税 T，则一开始如同小国一样，大国国内商品单位售价由世界市场均衡价格 P^W 上升至税后价格 P^T，进口量相应地由 M^W 减少为 M^T，这将会导致国际市场上该产品的进口需求量下降，出现供大于求的局面，则进口国会想要以更低的价格进口，而出口国亦想要降低价格以吸引国外消费者，价格的改变反过来又会影响两国的生产量、消费量以及贸易量，直到实现新的均衡。图 9.6（a）～（c）分别展示了达到新的均衡时，进口国、国际市场以及出口国各自的状况。国际市场实现均衡时，出口供给量与进口需求量相等（$XS = MD$），与此对应的，出口供给价格，即出口国向国际市场的供给价格为 $P^{T, X} = P^W - T_2$；而进口需求价格，即进口国从国际市场的购买价格为 $P^T = P^W + T_1$，出口供给价格与进口需求价格之间的价格差刚好为进口国税收 T，即 $P^T - P^{T, X} = T_1 + T_2 = T$。

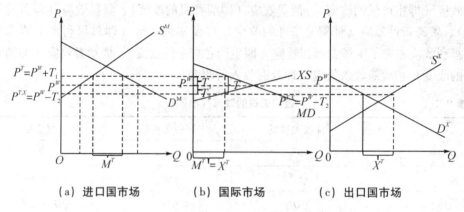

|（a）进口国市场|（b）国际市场|（c）出口国市场|

图 9.6　进口国、国际市场和出口国的税后均衡（进口国为大国）

思考：

[9.4] 为什么出口供给价格与进口需求价格之间的价格差刚好为进口国税收 T？如果价差大于税收 T 会怎样？小于呢？

图 9.7 进一步细化图 9.6（a）以便分析大国征收进口关税后的各种效应。价格由 P^W 增加至 P^T，多了 T_1 部分；生产量由 QS^W 上升为 QS^T；消费量由 QD^W 下降为 QD^T；进口量由 M^W 下降为 M^T；政府税收额为进口量与单位进口征税额之乘积 $M^T \times T$，即矩形（$c + e$）的面积；生产者剩余增加了梯形 a 的面积（由三角形 NIP^W 的面积增加为三角形 NHP^T 的面积）；消费者剩余减少了区域（$a + b + c + d$）的面积（由三角形 MJP^W 的面积减少为三角形 MKP^T 的面积）。综上所述，因进口关税大国总福利的改变量为区域 $[e - (b + d)]$ 的面积（如表 9.3 所示）。

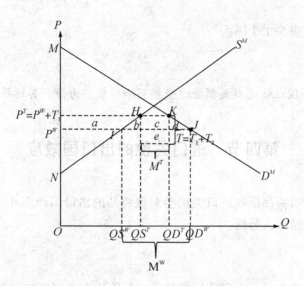

图9.7 进口关税的效应（大国）

征收进口从量税后，大国的进口价格降低了 T_2，不考虑该国出口价格的变化，则其贸易条件得以改善。表9.3总结了关税对大国的各种效应。

表9.3 进口关税的效应（大国）

	征收关税前	征收关税后	改变量
价格效应	P^W	P^T	T_1
生产效应	QS^W	QS^T	$QS^T - QS^W$
消费效应	QD^W	QD^T	$QD^T - QD^W$
贸易效应	M^W	M^T	$M^T - M^W$
贸易条件			贸易条件改善
福利效应	三角形 NIP^W + 三角形 MJP^W	三角形 NHP^T +三角形 MKP^T +矩形 $(c+e)$	$e-(b+d)$
生产者剩余	三角形 NIP^W	三角形 NHP^T	a
消费者剩余	三角形 MJP^W	三角形 MKP^T	$-(a+b+c+d)$
政府税收收入	0	矩形 $(c+e)$	$(c+e)$

思考：

［9.5］征收进口关税后，大国的重负损失是什么？与征税前相比，大国总福利是增加了还是减少了？

［9.6］如果大国对进口品征收从价税，请借助图9.7分析表9.3中所列的各种关税效应。

与小国相比，大国征收同样的进口从量税，国内价格上升幅度较小，生产量增加幅度、消费量减少幅度以及进口量减少幅度都较小，政府税收较少。关于福利，大国福利改变情况视情况而定，可能增加、不变或减少。即便在遭受福利净损失的情况下，大国福利的减少量也小于小国。

思考：

[9.7] 既然小国征收进口关税会遭受福利净损失，为什么其还要征收呢？

第四节 进口关税的出口国效应

进口国对某进口商品征收进口关税会对该商品的出口国产生什么影响呢？这要区分小国和大国两种情形去分析。

一、小国情形

小国征收进口关税后，本国的价格和进口量等均会受到影响（详情请见本章第二节），但由于小国在国际市场上没有影响力，这样的影响并不能传递到出口国家，所以出口国家不受小国征收进口关税的任何影响。

二、大国情形

若大国征收进口关税（其他条件相同），由本章第三节内容可知，国际市场上该商品的进口需求量会大大减少，最终压低出口国的出口供给价格，在完全竞争市场假设条件下，出口国国内该商品的售价随之下降。图 9.8 细化了图 9.6（c）以便分析进口大国征收进口关税对出口国的影响：出口国内商品价格由 P^W 下降为 $P^{T,X} = P^W - T_2$，生产量由 QS^W 下降为 QS^T，消费量由 QD^W 上升为 QD^T，出口量由 X^W 减少为 X^T；生产者剩余由三角形 NKP^W 减少为三角形 $NJP^{T,X}$，减少了区域 $(a+b+c)$ 的面积；消费者剩余由三角形 MHP^W 增加为三角形 $MIP^{T,X}$，增加了区域 $(a+b)$ 的面积；综上所述，出口国总福利减少了区域 c 的面积（如表 9.4 所示）。

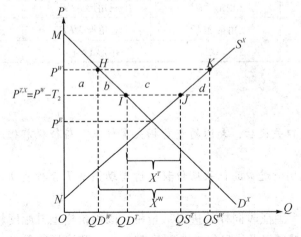

图 9.8 进口关税的出口国效应（大国）

大国征收进口从量税后，导致出口国的出口价格降低了 T_2，不考虑出口国进口价格的变化，则其贸易条件恶化。表 9.4 总结了大国征收进口关税对出口国的各种效应。

表 9.4　　　　　　　　　　进口关税的出口国效应（大国）

	征收关税前	征收关税后	改变量
价格效应	P^W	P^T	$-T_2$
生产效应	QS^W	QS^T	$QS^T - QS^W$
消费效应	QD^W	QD^T	$QD^T - QD^W$
贸易效应	X^W	X^T	$X^T - X^W$
贸易条件			贸易条件恶化
福利效应	三角形 NKP^W + 三角形 MHP^W	三角形 $NJP^{T,X}$ + 三角形 $MIP^{T,X}$	$-a$
生产者剩余	三角形 NKP^W	三角形 $NJP^{T,X}$	$-(a+b+c)$
消费者剩余	三角形 MHP^W	三角形 $MIP^{T,X}$	$(a+b)$
政府税收收入	N/A	N/A	N/A

思考：

[9.8] 请尝试分析从价进口关税的出口国效应。

第五节　名义和有效关税保护率

一国征收进口关税的主要目的除了增加财政收入外，就是增加进口商品在该国的成本，降低其竞争力，以保护国内相关行业的发展。征收进口关税对本国相关行业的保护程度用名义关税保护率和有效关税保护率来衡量。

一、名义关税保护率

名义关税保护率用关税导致进口品价格的增长百分比来衡量（式 9.4）。

$$名义关税保护率 = \frac{商品的税后价格(P_{after\ tariff}) - 商品的税前价格(P_{before\ tariff})}{商品的税前价格(P_{before\ tariff})} \times 100\%$$

（式 9.4）

我们用一个例子来说明名义关税保护率。假定征税前一台电脑的单价为 1 000 美元，其中，零部件中央处理器（CPU，Central Processing Unit）的单价为 500 美元，零部件液晶屏（LCD，Liquid Crystal Display）的单价为 200 美元。同时假定一国对电脑征收 10% 的从价进口关税，对 CPU 征收 10 美元的从量进口税，对液晶屏征收 5% 的从价进口关税。征税后，电脑、CPU 和液晶屏的单价分别增加为 1 100 美元（1 000 美元×

（1+10%）)、510 美元（500 美元+10 美元）和 210 美元（200 美元×（1+5%））。

$$名义关税保护率(电脑) = \frac{1\ 100 - 1\ 000}{1\ 000} \times 100\% = 10\%$$

$$名义关税保护率(CPU) = \frac{510 - 500}{500} \times 100\% = 2\%$$

$$名义关税保护率(液晶屏) = \frac{210 - 200}{200} \times 100\% = 5\%$$

思考：

[9.9] 关税的名义保护率与从价税之间有什么关系？

二、有效关税保护率

与名义关税保护率关注商品征税前后售价的增长幅度不同，有效关税保护率衡量关税对商品增加值（Value-Added，VA）的影响程度（式 9.5）。

有效关税保护率 =

$$\frac{商品的税后价值增值(VA_{after\ tariff}) - 商品的税前价值增值(VA_{before\ tariff})}{商品的税前价值增值(VA_{before\ tariff})} \times 100\% \quad (式 9.5)$$

仍然用上面电脑的例子来做解释。假定国内电脑生产商进口 CPU 和液晶屏这两样零部件进行电脑生产，因为 CPU 和液晶屏是进口品，不能算在国内生产商的价值增值部分。所以，征税前国内电脑生产商的价值增值部分为 300 美元（（1 000-500-200=300）美元），征税后国内电脑生产商的价值增值部分为 380 美元（（1 100-510-210=380）美元）。

$$有效关税保护率(电脑) = \frac{380 - 300}{300} \times 100\% \cong 26.67\%$$

有效关税保护率的另一个计算公式为：

$$g = \frac{t - \sum_i a_i t_i}{1 - \sum_i a_i} \quad (式 9.6)$$

其中，g 代表关税对最终产品的有效保护率，a_i 为征税前中间产品 i 的价值在最终产品中的占比，t_i 为中间产品 i 的从价税率，t 为最终产品的从价税率。同样以电脑为例，电脑的从价税率为 $t = 10\%$，CPU 和液晶屏在电脑价值中的占比分别为 $a_{CPU} = \frac{500}{1\ 000} \times$ $100\% = 50\%$，$a_{液晶屏} = \frac{200}{1\ 000} \times 100\% = 20\%$，两者的从价税率分别为 $t_{CPU} = 2\%$，$t_{液晶屏} = 5\%$。

$$g_{电脑} = \frac{10\% - 50\% \times 2\% - 20\% \times 5\%}{1 - 50\% - 20\%} \cong 26.67\%$$

运用公式 9.6 计算得出的电脑有效关税保护率与公式 9.5 计算的结果是完全一致的。相对来讲，名义关税保护率对消费者来说比较重要，因为其表明了征收后最终商品价格的涨幅；而有效关税保护率对生产者来说比较重要，因为其衡量了关税对国内进口替代品生产的真正保护程度。

思考：

[9.10] 在电脑的例子中，如果只有 CPU 是进口的，那么关税对电脑的有效保护率是什么？如果只有液晶屏是进口的呢？如果 CPU 和液晶屏都不是进口的呢？

[9.11] 有效关税保护率是大于、等于还是小于名义关税保护率呢？

阅读 9.1

观察有关国家发展的历史，那些达到一定对外贸易体量的贸易大国，非农产品进口关税不可能始终处于较高水平，到了一定阶段必然会通过协议或自主的方式，进行大幅度减让。这是工业化规律的内在反映，也是贸易大国为其自身发展所必须采取的措施。这是因为一个贸易大国，尤其是出口大国，它必然是一个产业大国，其工业化水平已经达到了一定的水平，产业已具备国际竞争力，维持较高的关税水平已无必要，反而会阻碍其在经济全球化中获取相关利益。

1978—1992 年，是中国改革开放的初期。中国以自主关税减让，表达了中国对推进对外贸易的态度。1985 年中国对关税税则进行全面修订，大范围、大幅度地降低了进口关税税率，总共降低了约占当时总税目数 55% 的 1 151 个税目的进口关税税率，主要集中在以下领域：一是对不能供应或短期内无法迅速发展的材料、原料等降低了关税税率，如当时中国生产技术和生产能力有限，无法大量供应的钢铁盘条，而这又是生产其他工业品所必需的，因此将钢铁盘条税率从 35% 降低到 15%；二是对于受制于技术条件，中国无法生产的新型材料、新技术产品、信息传输设备以及中国无法生产的机械设备、仪表、机床、仪器等，大幅降低了进口关税税率；三是对于能够支持发展中国家发展的餐料、物料、食品等大幅降低了进口关税，如香蕉是周边发展中国家当时主要的出口农产品，中国将这些热带水果的进口关税税率由 25% 下降至 12%。此后，经过几年的小幅度调整，至 1992 年年初，中国的关税总水平已经大幅度下降至47.2%。而中国的对外贸易额，也由 1985 年的 696 亿美元翻了近两番，达到 1992 年的1 655.3 亿美元。

1992—2001 年，是中国改革开放快速推进的时期，也是中国由外向型经济向开放型经济转变的时期。这一时期，中国总共连续进行了八次大幅度的自主降税，重点对中国不能自主生产的先进技术产品、国内需要长期由国际市场供应的原材料、国内具有较强竞争力的商品、国内大量出口的商品等进行了降税，将关税总水平由 1992 年年初的 47.2% 大幅降低到了 2001 年年初的 15.3%。这一时期，随着关税的大幅度下降，中国的对外贸易额，也由 1992 年的 1 655.3 亿美元增长至 2001 年的 5 096.5 亿美元。

2001—2012 年，是中国改革开放跨越式发展时期。加入 WTO 后，中国严格遵循加入议定书承诺和 WTO 的相关要求，大幅降低关税税率，完善关税制度。至 2007 年，中国关税总水平下降至 9.8%，非农产品平均关税税率下降至 8.9%，农产品平均关税税率仍保持 15.2%。至 2010 年，中国加入 WTO 的降税承诺已经全部履行完毕。中国对外贸易额也由 2001 年的 5 096.5 亿美元，增长至 2007 年的 21 765.7 亿美元，于 2009 年成为全球第二大贸易国，2011 年成为全球第一大出口国，2013 年首次超越美国成为全球第一大贸易国。

资料来源：李钢，叶欣. 新形势下中国关税水平和关税结构的合理性探讨 [J]. 国际贸易问题，2017（7）：3-16.

第十章　出口补贴

第一节　出口补贴的含义

出口补贴是一国政府为了鼓励某种商品的出口而对该商品给予的直接或间接补助，以降低出口商品的价格，增加其在国际市场的竞争力。

直接补贴是指政府在商品出口时，直接付给出口商的现金补贴。其目的是为了弥补出口商品的国际市场价格低于国内市场价格所带来的损失。有时候，补贴金额还可能大大超过实际的差价，这已包含出口奖励的意味。

间接补贴是指政府对选定商品的出口给予财政税收上的优惠。如退还或减免出口商品所缴纳的销售税、消费税、增值税、所得税等国内税；免征出口税；对出口商品实行延期付税、减低运费、提供低息贷款、实行优惠汇率以及对企业开拓出口市场提供补贴；对进口原料或半制成品加工再出口给予暂时免税或退还已缴纳的进口税等。其目的仍然在于降低商品成本，提高其国际竞争力。

第二节　出口补贴的效应（小国）

假设某小国出口某商品并对其进行直接出口补贴，每出口 1 单位商品出口商可获得价值为 S 的出口补贴。如图 10.1 所示，在自由贸易条件下，小国接受国际市场价格 P^W，此时生产量、消费量以及出口量分别为 QS^W，QD^W 和 X^W。出口补贴后，每出口 1 单位商品出口商实际可获 $P^S = P^W + S$，在完全竞争市场条件下，国内售价必然同样上升为 P^S，否则国内生产商将没有任何动力在国内销售该商品，导致国内消费者的需求无法得以完全满足。

进行出口补贴后，随着国内价格的提升，该商品的生产量增加至 QS^S；消费量减少至 QD^S；出口量增加为 X^S；生产者剩余由三角形 NJP^W 的面积增加为三角形 NKP^S 的面积，增加了区域 $(a+b+c)$ 的面积；消费者剩余由三角形 MIP^W 的面积减少为三角形 MHP^S 的面积，减少了区域 $(a+b)$ 的面积；政府的补贴支出为出口量 X^S 与单位出口补贴额 S 的乘积，即区域 $(b+c+d)$ 的面积。综上所述，出口补贴政策使得小国总福利减少了三角形 b 和三角形 d 的面积，即无谓损失。其中三角形 b 的面积是出口补贴对消费的扭曲造成的福利损失，三角形 d 的面积是出口补贴对生产的扭曲造成的福利损失。

因为小国对国际市场没有影响力，所以小国国内的价格变化并不会引起国际市场上的价格变化。换而言之，在其他条件不变的前提下，小国的贸易条件不受影响。表10.1总结了出口补贴对小国的各种效应。

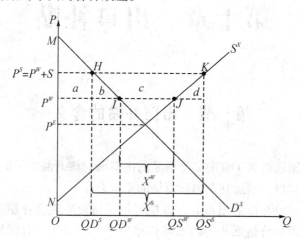

图 10.1　出口补贴的效应（小国）

表 10.1　　　　　　　　　　　　出口补贴的效应（小国）

	出口补贴前	出口补贴后	改变量
价格效应	P^W	P^S	S
生产效应	QS^W	QS^S	$QS^S - QS^W$
消费效应	QD^W	QD^S	$QD^S - QD^W$
贸易效应	X^W	X^S	$X^S - X^W$
贸易条件			贸易条件不变
福利效应	三角形 NJP^W + 三角形 MIP^W	三角形 NKP^S +三角形 MHP^S −矩形（$b + c + d$）	−（$b + d$）
生产者剩余	三角形 NJP^W	三角形 NKP^S	（$a + b + c$）
消费者剩余	三角形 MIP^W	三角形 MHP^S	−（$a + b$）
政府补贴支出	0	−（$b + c + d$）	−（$b + c + d$）

思考：

[10.1] 小国国内的均衡价格（P^E）会高于国际市场价格（P^W）吗？为什么？

[10.2] 考虑到无谓损失，为什么小国还要实施出口补贴政策？

第三节　出口补贴的效应（大国）

其他条件不变，将小国改为大国。大国政府对单位出口进行价值为 S 的出口补贴后，一开始同小国一样，大国国内售价上升，直接导致国内生产量的增加和消费量的减少，于是出口供给量增加，国际市场上出现供过于求的不均衡现象，国际市场随之进行调节，直至达到新的均衡状态，即出口供给量与进口需求量相等（$X^S = M^S$）。图 10.2（a）~（c）分别展示了出口国、国际市场及进口国实现新的均衡时的状况。新的均衡实现时，国际市场上的出口供给价格和进口需求价格分别为 $P^S = P^W + S_1$ 和 $P^{S, M} = P^W - S_2$，两者的价差恰好为单位出口补贴额 $P^S - P^{S, M} = S_1 + S_2 = S$。

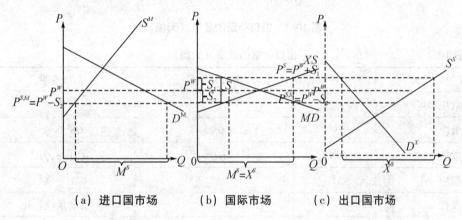

(a) 进口国市场　　　(b) 国际市场　　　(c) 出口国市场

图 10.2　补贴后均衡状态下进口国、国际市场和出口国状况（大国）

思考：

[10.3] 为什么出口供给价格与进口需求价格之差刚好为单位补贴额（$P^S - P^{S, M} = S$）？如果前者大于后者呢？小于呢？

图 10.3 展示了图 10.2（c）的细节以便分析出口补贴前后大国各变量的变化情况：国内售价由 P^W 上升到 $P^S = P^W + S_1$，上升幅度小于小国情景（$S_1 < S$）；生产量由 QS^W 上升到 QS^S，消费量由 QD^W 下降到 QD^S，出口量由 X^W 增加到 X^S，改变幅度均小于小国情景；生产者剩余由三角形 NJP^W 的面积增加为三角形 NKP^S 的面积，增加了区域（$a + b + c$）的面积，增加幅度小于小国情形；消费者剩余由三角形 MIP^W 的面积减少为三角形 MHP^S 的面积，减少了区域（$a + b$）的面积，减少幅度小于小国情形；政府的补贴支出为出口量 X^S 与单位出口补贴额 S 的乘积，即矩形（$b + c + d + e + f + g + h$）的面积，补贴额多于小国情形。综上所述，出口补贴政策使得大国总福利减少了区域（$b + d + e + f + g + h$）的面积，即无谓损失。另外，由于进行出口补贴后，大国出口量增多，导致该出口商品的国际市场价格降低，如果不考虑该国进口商品的价格，则大国的贸易条件恶化。

表 10.2 总结了出口补贴对大国的各种效应。

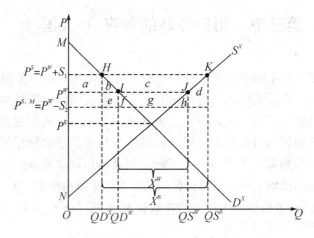

图 10.3　出口补贴的效应（大国）

表 10.2　　　　　　　　　　　出口补贴的效应（大国）

	出口补贴前	出口补贴后	改变量
价格效应	P^W	P^S	S_1
生产效应	QS^W	QS^S	$QS^S - QS^W$
消费效应	QD^W	QD^S	$QD^S - QD^W$
贸易效应	X^W	X^S	$X^S - X^W$
贸易条件			贸易条件恶化
福利效应	三角形 NJP^W +三角形 MIP^W	三角形 NKP^S +三角形 MHP^S -矩形 $(b+c+d+e+f+g+h)$	$-(b+d+e+f+g+h)$
生产者剩余	三角形 NJP^W	三角形 NKP^S	$a+b+c$
消费者剩余	三角形 MIP^W	三角形 MHP^S	$-(a+b)$
政府补贴支出	0	$-(b+c+d+e+f+g+h)$	$-(b+c+d+e+f+g+h)$

第四节　出口补贴的效应（进口国）

出口国实施出口补贴会对进口国产生怎样的影响呢？我们仍然需要区分大国和小国两种情况。

一、小国情形

如果小国为了鼓励某商品出口而对其进行出口补贴，小国国内会发生一系列变化（详见本章第二节内容）。由于小国没有国际影响力，这些变化对国际市场并未产生任何影响，所以也不会影响到进口国。

二、大国情形

大国实施出口补贴，由本章第三节分析可知，国际市场上商品的出口量会增加，最终导致该商品进口国的进口价格下降，在市场完全竞争假设前提下，其国内售价随之降低。图10.4细化了图10.2（a）以便分析大国实施出口补贴时对进口国的各种影响：国内价格由 P^W 下降为 $P^{S,M} = P^W - S_2$，生产量由 QS^W 下降为 QS^S，消费量由 QD^W 上升为 QD^S，进口量由 M^W 上升为 M^S；生产者剩余由三角形 NHP^W 的面积减少为三角形 $NIP^{S,M}$ 的面积，减少了梯形 a 的面积；消费者剩余由三角形 MKP^W 的面积增加为三角形 $MJP^{S,M}$ 的面积，增加了梯形 $(a+b+c+d)$ 的面积；综上所述，进口国总福利增加了区域 $(b+c+d)$ 的面积。由于大国实行出口补贴，进口国的进口品价格下降，如果不考虑该进口国的出口品价格，则其贸易条件得以改善。

表10.3总结了大国实行出口补贴对进口国的各种效应。

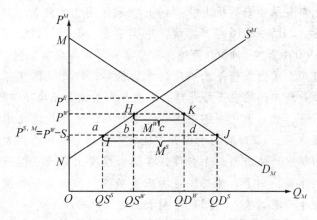

图 10.4 出口补贴的进口国效应（大国）

表 10.3   出口补贴的进口国效应 （大国）

	出口补贴前	出口补贴后	改变量
价格效应	P^W	$P^{M,S}$	$-S_2$
生产效应	QS^W	QS^S	$QS^S - QS^W$
消费效应	QD^W	QD^S	$QD^S - QD^W$
贸易效应	M^W	M^S	$M^S - M^W$
贸易条件			贸易条件改善
福利效应	三角形 NHP^W +三角形 MKP^W	三角形 $NIP^{M,S}$ +三角形 $MLP^{M,S}$	$b+c+d$
生产者剩余	三角形 NHP^W	三角形 $NIP^{M,S}$	$-a$
消费者剩余	三角形 MKP^W	三角形 $MLP^{M,S}$	$a+b+c+d$
政府补贴支出	N/A	N/A	N/A

思考：

[10.4] 为什么出口国对其出口商品进行补贴后，进口国的贸易条件得到了改善？

阅读 10.1

2015 年 12 月 19 日，世界贸易组织第十届部长级会议取得历史性成果，162 个成员首次承诺全面取消农产品出口补贴，这是世界贸易组织成立 20 多年来在农业领域达成的最重要协定。出口补贴的主要使用者集中在少数发达国家和组织，据 WTO 资料显示，农产品出口补贴主要由欧盟、瑞士、美国、南非等 25 个成员使用，约 97% 的出口补贴集中在欧盟、瑞士、美国和挪威，其中欧盟是全球最大的出口补贴使用者。取消农产品出口补贴最利好的对象是发展中国家行列的农产品出口国，能够提升其农业生产者的收益。作为全球最大农产品进口国，取消发达国家农产品出口补贴于中国农产品贸易而言，既是发展机遇也是挑战。

取消农产品出口补贴带来的机遇有：（1）有利于消化国内农产品库存。来自国家粮食局的数据显示，2015—2016 经济年度，中国小麦、玉米、稻谷的预计库存量分别达到 8 957 万吨、9 061 万吨、4 560 万吨，库存量高居世界之首。出口补贴取消后，国际农产品价格会逐渐趋于由供需平衡决定的市场价格，较之以前存在出口补贴的价格会有所上涨，进而导致中国的农产品进口成本上升，由此会相应减少进口农产品数量，转而消费国内农产品，这对消化当前中国库存农产品，尤其是消化中国粮食库存量将会发挥明显的积极作用。（2）有助于提升中国农产品出口竞争力。发达国家取消出口补贴，促使国际市场农产品价格趋于合理，在很大程度上提升了国内农产品的出口竞争力。开放公平的市场机制下，能够促进国内更多农产品大量走出国门，获得国际市场份额，增加农业生产者的收入。（3）有利于倒逼国内农产品优势产业的培育与升级。随着国际市场的健康调整，农产品价格趋于市场化，公平公正的市场环境有利于激发国内农业产业的活力，增加其创新发展的动力，提高其发挥出口优势的主动性，对于促进我国农产品产业链条的优化升级、培育我国农产品出口竞争优势具有积极作用。

取消农产品出口补贴同时带来了挑战：（1）减损了国内消费者福利。因为存在对国内环境污染、食品安全等问题的担忧，目前很多消费者都青睐于国外进口农产品。随着城乡居民消费意识和能力的转变提升，国内市场对高档进口农产品已形成一定的刚性需求，因此，取消发达国家农产品出口补贴而引起的农产品价格上升导致消费者不得不以更高的价格购买进口农产品，减损了国内刚性需求者的福利。（2）增加了以进口农产品为原料的加工企业的生产成本。国内农产品存在缺乏优质、专用品种供应等结构性矛盾，我国进口农产品部分原因是为了调剂余缺，解决国内农产品需求短板，由于这种结构性短缺矛盾的存在，致使国内很多以短缺农产品品种为生产原料的企业不得不依赖于国外市场。因此，发达国家取消出口补贴导致的价格上涨对我国一些企业并不是利好消息，将增加企业原材料的生产成本。

资料来源：马林静，韩秀申. WTO 全面取消农产品出口补贴对我国农产品贸易的影响及对策 [J]. 对外经贸，2016（4）：4-7.

第十一章　非关税贸易壁垒

非关税贸易壁垒是指通过非关税手段来限制商品或服务进（出）口的贸易壁垒。简而言之，非关税壁垒就是除进（出）口关税外的国际贸易障碍。第十章的出口补贴就是非关税贸易壁垒的一个例子。除此之外，还包括绿色壁垒、技术壁垒、反倾销壁垒、许可证和配额壁垒、通关环节壁垒、进口禁令、进口产品歧视、出口限制、关税延迟、海关货物估价规则、装运前检验、原产地规则等妨碍贸易的形式。本章将探讨分析绿色壁垒、技术壁垒和反倾销壁垒三类被有关国家用得最多的非关税壁垒以及其他几种非关税壁垒。同时，本章还总结了非关税壁垒的特点以及发展中国家应对非关税壁垒的措施。

第一节　绿色壁垒、技术壁垒和反倾销壁垒

一、绿色壁垒

绿色壁垒以保护地球上的自然资源、生态环境和人类健康为名，通过制定一系列较为苛刻的环保标准，达到对来自国外的产品或服务加以限制的目的。《关贸总协定》第二十条规定，为保护人类、动植物的生命及健康，为保存有限的天然资源，允许对贸易进行限制。在之后的世界贸易组织规则中也允许各成员国建立自己的卫生、安全、环境等方面的标准，限制不符合该国标准的产品进口。因此，一些国家在不能运用关税等贸易保护措施限制国外产品进口时，就会运用绿色壁垒，从环保方面制止或限制某些产品进口。

阅读 11.1

《实施卫生与植物卫生措施协议》（以下简称《SPS 协议》）是世界贸易组织管辖的一项多边贸易协议，是对《关贸总协定》第 20 条第 2 款的具体化。根据《SPS 协议》的有关规定，WTO 成员有权采取措施以保护人类、动植物的生命和健康。具体来讲，《SPS 协议》允许以下目的的措施。

1. 保护 WTO 成员领土内的动物或植物的生命或健康免受虫害或病害、带病有机体或致病有机体的传入、定殖或传播所产生的风险；

2. 保护 WTO 成员领土内的人类或动物的生命或健康免受食品、饮料或饲料中添加剂、污染物、毒素或致病有机体所产生的风险；

3. 保护 WTO 成员领土内人类的生命或健康免受动物、植物或动植物产品携带的病害或虫害的传入、定居或传播所产生的风险；

4. 防止或控制 WTO 成员领土内有害生物的传入、定居或传播所产生的其他损害。

SPS 措施具体包括：所有相关的法律、法令、法规、要求和程序，特别是最终产品标准；工序和生产方法；检验、检疫、检查、出证和批准程序；各种检疫处理，包括与动物或植物运输有关的或与在运输过程中为维持动植物生存所需物质有关的要求；有关统计方法、抽样程序和风险评估方法的规定；与食品安全直接有关的包装和标签要求等。

根据《SPS 协议》，WTO 成员制定和实施 SPS 措施必须遵循科学性原则、等效性原则、与国际标准协调一致原则、透明度原则、SPS 措施的一致性原则、对贸易影响最小原则、动植物疫情区域化原则等。因此，缺乏科学依据，不符合上述原则的 SPS 措施均构成贸易壁垒。

例如，某国仅以从来自另一国的个别批次产品中检测出不符合《SPS 协议》的污染物为由，全面禁止从该国进口该类产品，违反了《SPS 协议》关于 SPS 措施的实施要基于必要且对贸易影响最小的原则，构成了贸易壁垒；某国以另一国的个别农场或地区发生动植物疫情为由，全面禁止从该国进口所有的动植物及其产品，违反了《SPS 协议》的区域化原则，构成了对贸易的变相限制；某国对进口的三文鱼的检疫要求严于对该国产品的检疫要求，或严于进口的可能感染了与三文鱼相同疾病的其他鱼类的检疫要求，从而限制或禁止三文鱼的进口，违反了《SPS 协议》的一致性原则，构成了贸易壁垒。

资料来源：张凌.《SPS 协定》对我国农产品出口的影响及政策研究［J］. 河南省政法管理干部学院学报，2003（4）：148-151. 慧聪网 http：//info. biz. hc360. com/2004/03/24082222042. shtml 和找法网 http：//china. findlaw. cn/jingjifa/caishuifa/cszs/swzs/50869_ 2. html 整理。

阅读 11.2

自 1995 年以来，我国茶叶出口一直保持较稳定的增长。但是近年来，发达国家和地区以保护健康为由，增加茶叶中农药残留的检测种类，提高茶叶中农药残留限量标准。以欧盟为例，自 2000 年 7 月 1 日起开始实施新的更为严格的茶叶农残标准后，又陆续出台新的茶叶农残标准，2003 年的茶叶农残新标准更是达到了 193 项；2006 年，日本实施了食品中含有农药、兽药和饲料添加剂残留限定标准的"肯定列表制度"；2007 年，欧盟茶叶委员会公布欧盟及德国茶叶新农药残留标准，增加了啶虫脒等 10 个农残项目，并更新了其他 10 个农残项目的新限量。

绿色壁垒不断加高，已经成为中国茶叶出口的主要障碍。浙江某公司成立于 2004 年，注册资本 200 万元，是一家以茶叶为主业、多种商品兼营的综合性进出口贸易公司，所销售的对象主要是中国内地、欧盟、南美、中东等地区市场。2005 年起公司开始自营出口，年出口茶叶 8 000 余吨，但由于受到绿色贸易壁垒的影响，2006 年茶叶的出口情况却不容乐观，销售量只有 3 500 余吨，比 2005 年下降了一半还多，各地区市场上消费者的需求也因此而受到了影响。

资料来源：王勇. 浙江某公司应对绿色贸易壁垒案例［J］. 企业改革与管理，2012 (11)：34-35.

二、技术壁垒

技术壁垒通过制定严格的技术标准，包括严格的产品准入条件和一系列的技术认证制度等，对进口商品加以限制。根据 WTO《技术性贸易壁垒协议》（简称《TBT 协议》）的有关规定，WTO 成员有权制定和实施旨在保护国家或地区安全利益、保障人类、动物或植物的生命或健康、保护环境、防止欺诈行为、保证出口产品质量等的技术法规、标准以及确定产品是否符合这些技术法规和标准的合格评定程序。以电器产品为例，欧盟采纳 IEC（International Electro Technical Commission，国际电工委员会）标准，美国则实施 UL（Underwriter Laboratories Inc.，保险商实验所）标准。其他如家具、玩具等产品也有各种各样的技术标准。

阅读 11.3

美国"能源之星"计划

"能源之星"（Energy Star）计划是美国能源部（DOE）和环保署（EPA）联合推出的一项重要节能环保计划，通过选购高能效产品，从而节省能源费用和保护环境。从 2010 年开始，美国就不断加强"能源之星"相关法规的制定和更新工作。"能源之星"虽是自愿性要求，但在节能管理与能效标准方面，是全球影响最广泛的认证计划，目前已被加拿大、日本、欧盟、澳大利亚等诸多国家引进。"能源之星"已成为能源相关产品节能和能源效率的标杆，在欧盟制定 ErP/EuP 指令的实施措施或其他国家制定能效法规及标准时，都是主要的参考之一。一般来说，"能源之星"产品为市场上能效在前 25% 的产品。贴上了"能源之星"标签的产品，就标志着它已经达到了美国 DOE 和 EPA 认可的能耗标准，消费者主要依据该标志来选购节能产品，同时，依据联邦政令，此类产品还可获得政府的优先采购。

技术专利壁垒成影响 LED 产业发展障碍

近年来，中国灯具产业蓬勃发展，生产规模迅速扩大，成为与家电并驾齐驱的重点出口产品。LED 照明产品作为灯具的领跑者强势崛起，同时也成为各国技术法规和标准的"靶心"。

中国 LED 照明产品的出口优势主要源于较低的产品价格，而高端市场的份额较小，技术专利的壁垒已成为影响国内 LED 企业发展的一大障碍。目前全球 LED 产业的技术专利基本被日本、美国、韩国和德国的几家行业巨头所垄断。到 2013 年年底，我国大陆 LED 领域共申请专利 36 595 项。中国专利主要集中在封装、应用和驱动方面，三者分别占全部专利申请量的 42%、41% 和 8.5%，而外延芯片和衬底方面相对较少。与全球的情况相比，尤其是在外延芯片方面，专利仅占全部专利数量的 7%。

从专利类型上看，在中国企业提交的专利中，实用新型和外观设计专利申请占比较大，而发明专利却是短板。在发明专利中，产业链上游芯片、原材料等领域则更是有所欠缺。近年来，在 LED 行业的研发及生产中，我国企业申请了大量的专利，但这些专利主要分布在光源封装、背光显示、灯具设计等方面，集中于 LED 产业链的中下游。

在对外贸易中，国外一些机构或团体已把知识产权作为重要的贸易保护手段，如美国国际贸易委员会对中国 LED 企业发起的"337 调查"，就是利用知识产权纠纷，阻止或限制我国企业或其产品进入美国市场最重要的手段之一。美国国际贸易委员会一旦就涉案产品发出普遍或者有限排除令，相关企业生产的涉案产品将无法出口到美国市场。

未来中国 LED 企业要想进入高端产品领域和巩固市场份额，强化自主研发是不可逾越的环节。如何突破行业技术难点和专利壁垒已经成为国内企业不得不面对的重点问题。

资料来源：根据中国 TBT 研究中心 China TBT Research Center http：//tbt. testrust. com/news/detail/16200. html 整理。

三、反倾销壁垒

反倾销壁垒是指进口国以产品存在倾销为由，为削弱产品在进口国市场的竞争力而采取的限制进口的手段。WTO 的有关协议明确了各成员国一些法律的合法性，允许各成员国采取反倾销措施。于是各成员国纷纷研究和制定相应的法律法规，以合法有效地开展反倾销调查。例如，在反倾销法律法规方面，美国制定了诸多法律，除了《反倾销法》外，还有《购买美国产品法》、《综合贸易法》、"超级 301 条款"等。日本立法也规定，在倾销产品已经进口、已经危害了国内产业或形成威胁的情况下，必须采取反倾销措施。由于反倾销被普遍认为是合理、合法的措施，因而已被众多发达国家用来阻止发展中国家产品的进入，甚至一些发展中国家也纷纷仿效，对发展中国家产品出口产生巨大阻碍。

阅读 11.4

改革开放以来，中国经济迅速发展，出口贸易额激增。据商务部统计，中国出口额从 1978 年的 97.45 亿美元增长到 2015 年的 22 749.49 亿美元，年平均增长率为 5.41%。2009 年，中国的出口额首次超过美国，排名世界第一。至今，中国连续 7 年出口位列全球第一，已经成为一个世界贸易大国。随着中国产品在全球所占市场份额的不断扩大，中国与贸易伙伴国之间的贸易摩擦越来越多，其中最为突出的就是中国产品频繁遭遇贸易伙伴国的反倾销调查。根据 WTO 反倾销调查报告，从 1995 年 WTO 成立至 2015 年，全球一共发起了 4 757 起反倾销立案调查，其中针对中国出口产品的反倾销立案调查达 1 052 起，占反倾销案件总数的 22.11%，中国已经连续 20 年成为全球遭遇反倾销最多的国家，远远超过第二名韩国的 349 起。

谢建国和章素珍（2017）采用 1995—2014 年美国对中国反倾销案例 HS 编码六分位数据，对反倾销对中国出口产品质量的影响进行了研究。研究结果发现，反倾销调查对我国出口产品的质量产生了较大的负面影响，反倾销调查造成后续三年产品质量分别下降了 4.3%、2.73% 和 2.15%，征收反倾销税和肯定性裁决对裁决后第一年出口产品的质量产生的负面影响最大，虽然反倾销对出口产品质量的负面影响在随后年份逐渐得到了缓和，但是这种负面影响仍然不可小觑。研究结果同时显示，否定性裁决对涉案产品的质量提升有一定的促进作用。这一结果表明，是潜在反倾销威胁而不是反倾销本身促进了企业产品质量的提升。这提醒我们，当遭遇反倾销时要积极应对申诉国的反倾销调查，而不能一味地消极回避，以避免反倾销裁定成立后对中国出口产品质量升级不可逆的负面影响。

资料来源：谢建国，章素珍. 反倾销与中国出口产品质量升级：以美国对华贸易反倾销为例 ［J］. 国际贸易问题，2017（1）：153-164.

第二节 非关税贸易壁垒的其他形式

一、许可证和配额

许可证和配额是最常见的直接限制进（出）口的工具。许可证制度要求一个国家通过特设机构对清单中所列的进（出）口商品颁发对外贸易许可证，以此来达到控制或者限制清单所列商品的进（出）口的目的。

许可证形式多样，主要有进口许可证和出口许可证。进口许可证是一国政府颁发的对某些商品进入其境内的授权凭证。由于某些进口会对国内市场造成冲击，所以政府会对该国的进口品种及数量进行一定的限制。按照有无限制，进口许可证可分为公开一般许可证和特种进口许可证。公开一般许可证的主要作用是进行进口统计，其对进口国别或地区等没有限制，进口商只要填写此证，即可获准进口。特种进口许可证是指进口商必须向政府有关当局提出申请，经政府有关当局逐笔审查批准后才能进口。根据有无配额，进口许可证又可分为有定额的进口许可证和无定额的进口许可证。有定额的进口许可证即先规定有关商品的配额，然后在配额的限度内根据进口商申请发放许可证；无定额的进口许可证主要根据临时的政治或经济需要发放。

出口许可证是一国有关当局签发的准许出口的许可证件，是一国对出口货物实行管制的一项措施。一般而言，某些国家对国内生产所需的原料、半制成品以及国内供不应求的一些紧俏商品实行出口许可证制，以满足国内市场消费者的需要，保护民族经济。

二、通关环节壁垒

通关环节壁垒（Customs & Administrative Entry Procedures）表现形式多样，譬如：（1）进口国有关当局在进口商办理通关手续时，要求其提供非常复杂或难以获得的资料，甚至商业秘密资料，从而增加进口产品的成本，影响其顺利进入进口国市场；（2）通关程序耗时冗长，使得应季的进口产品（如，应季服装、农产品等）失去最佳贸易机会；（3）对进口产品征收不合理的海关税费；等等。

通关环节壁垒的其他常见形式有指定通关口岸、实行海关最低限价、增加监管手续、进行严格的商品检查、增加海关执法任意性、增加费用负担、拖延通关时间等。表 11.1 列举了几种较常见的通关环节壁垒措施。

表 11. 1　　　　　有关国家采取的通关环节壁垒措施

国家	案例	通关环节壁垒形式
阿根廷	2005 年 9 月，阿根廷对原产于中国、马来西亚等地的纺织服装、玩具及鞋类产品要求必须通过布宜诺斯艾利斯、马德普拉塔等 14 个指定关口报关。	指定通关口岸。
哥伦比亚	2005 年 7 月 1 日，哥伦比亚税务和海关总局发布规定，对来自中国的鞋类、纺织品、电池、显示器、榨汁机、电熨斗等要求强制提前 15 天报关；2005 年 7 月 7 日，哥伦比亚海关和税务总局做出决定，对来自中国和巴拿马的海关税号第 50 章至 64 章全部商品实行通关限制，通过空运进口的上述商品只能在波哥大海关办理通关，通过海运进口的上述商品只能通过巴兰基亚海关通关。	实行海关限价；指定通关口岸。
巴西	2005 年 12 月，巴西对从中国进口的鞋类产品实施灰色通道管理，以查处货证不符和低价报关等现象。	加紧监管尺度。
阿尔及利亚	阿尔及利亚要求从中国进口的所有商品必须送至海关总署审价，并提高对中国产品的开箱检查率。	增加监管手续。
塞内加尔	2005 年 9 月，塞内加尔将服装、布、鞋、电视四类中国商品的报关最低限价提高至原先限价的三倍。	实行海关限价。
菲律宾	2005 年 8 月，菲律宾对从中国进口的轮胎等产品不再按进口商提供的进口价格征收关税，代之以菲律宾驻中国广州商务和投资中心提供的产品参考价作为征税基础。而该参考价普遍高于实际进口价格，加重关税负担。	实行海关限价。
韩国	2000 年开始，韩国对芝麻等 18 种农产品实行不透明的通关前税额审查制度，延长相关产品的通关时间，阻碍中国农产品对韩国出口。2003 年 7 月起，韩国大幅提高对进口农产品的抽检率。该措施针对的农产品主要来自中国。	实行海关限价；加紧监管尺度。
土耳其	2004 年 4 月，土耳其海关设立"红色通道"，专门用于检查来自中国的 28 类商品，并对部分商品进行"二次检查"。土耳其海关不仅大幅提高开箱检查比例，土耳其海关人员在检查中国商品时还经常出现故意部分卸货、拒绝当场检查等情况，以此拖延通关时间，增加进口商成本。	执法任意性；拖延通关时间。
俄罗斯	2004 年，俄罗斯对中国服装、家电等产品规定较高的海关最低限价，并规定自中国进口的经铁路运往莫斯科及莫斯科州的产品必须在指定的 13 个铁路站收货和办理通关手续。2005 年，俄罗斯对进口商的身份进行严格监督。	指定通关口岸；实行海关限价；增加监管手续。

表11.1(续)

国家	案例	通关环节壁垒形式
美国	美国海关要求出口商对输入美国的纺织品、服装、鞋等商品提供超出正常通关需要的相关信息。有关信息提供手续烦琐,而且费用高昂。美国海关还延长结税期。在结税期内可能要求额外信息以对商品归类并确定原产地。如无法在结税期内保留进口商品以便最终确定关税,美国海关将征收相当于货值100%的罚金。	增加监管手续;增加费用负担;拖延通关时间。

资料来源:吴昊. 小心通关环节壁垒 [J]. 中国海关,2006a (12):44~45. 吴昊. 贸易壁垒中的"软刀子"——通关环节壁垒的解析及应对措施 [J]. WTO 经济导刊,2006b (11):46~47.

三、进口禁令

进口禁令指超出 WTO 规则相关例外条款(如 GATT 第 20 条规定的一般例外、第 21 条规定的安全例外等)规定而实施的限制或禁止进口的措施。

阅读 11.5

据俄新社 2015 年 7 月 2 日消息,联合国粮食与农业组织及经济合作与发展组织联合发表的报告中称,俄罗斯食品进口禁令导致的食品进口国结构改变,或将对俄罗斯乃至全球贸易产生影响。

2014 年 8 月,针对包括欧盟各国在内的向其实施制裁的国家,俄罗斯出台了为期一年的食品进口禁令,肉类、香肠、鱼类、蔬菜、水果和奶制品都在禁运之列。6 月 25 日,俄政府将该禁令的有效时间延长至 2016 年 8 月 5 日,牡蛎和贻贝幼体的进口被解禁,但禁止进口任何种类的奶酪,也加强了对无乳糖奶制品进口的限制。

报告中称:"禁令的主要结果是贸易流的转移,俄罗斯转而向那些不在禁令范围内的国家进口大部分食品,尤其是南美洲国家。进口结构的改变或将对俄罗斯的贸易、生产和消费产生长期影响,甚至会波及全球市场。"

报告中特别以南美洲国家为例,南美洲在俄罗斯食品进口禁令出台前是俄罗斯牛肉的主要供应国,而现在又扩大了其他食品在俄罗斯市场上的份额。阿塞拜疆、白俄罗斯、中国、以色列、塞尔维亚、土耳其等国食品的份额也得到了扩大。

与此同时,欧盟和美国在通往俄罗斯市场的大门关闭后,扩大了对亚洲国家的出口,而此前为亚洲输入食品的主要是南美洲国家。

资料来源:根据环球网 http://finance.huanqiu.com/cjrd/2015-07/6828946.html 整理。

四、进口产品歧视

政府采购中对进口产品的歧视可分为以下两种情况。

1. WTO《政府采购协议》的签署方之间所采取的对进口产品的歧视措施。《政府采购协议》是一个诸边协议,即只有签署了该协议的成员方受协议规则的约束。该协议规定，协议的签署方必须保持政府采购的透明度，并给其他成员在参与政府采购方面同等的待遇。实践中，一些 WTO 成员方往往以不太透明的采购程序阻碍外国产品公平地参与采购。例如，某国法律规定在政府采购中实施国内优先原则；对采购该国产品予以某些特殊优惠；制定复杂的采购程序，使国外产品无法公平地参与采购竞标；以"国家安全"为由武断地剥夺外国产品参与采购的机会。

2. 非 WTO《政府采购协议》的签署方之间采取的对进口产品的歧视措施。在各国自愿对外国开放该国政府采购的领域中，也会存在对进口产品的歧视。这些歧视措施在实践中主要表现为违反最惠国待遇原则，对不同国家的产品采取差别待遇，从而构成对特定国家产品的歧视。

阅读 11.6

2008 年，美国通过了肉制品需要标识原产地（COOL）的管理规定。加拿大和墨西哥认为该项规定对各自出口到美国的肉制品构成了歧视，违反了关贸总协定（GATT）以及技术贸易壁垒（TBT）相关规定，分别于 2008 年 12 月 1 日和 17 日，向世贸组织（WTO）提出申诉。2012 年 6 月 29 日，世贸组织裁决美国原产地标识规定违反世贸规定。随后，美国对其原产地标识规定（COOL）进行修改。2014 年，美国农业部高层声称，原产地标识在满足美国现有法律要求情况下，将符合世贸规定。2014 年 11 月 28 日，美国就"美国原产地标识对进口产品构成歧性裁决"进行申诉。2014 年 12 月 12 日，墨西哥政府再次就美国原产地标识规定提出上诉。2015 年 5 月 18 日，世贸组织再次驳回了美国对"美国原产地标识对进口产品构成歧视裁决"的申诉。2015 年 11 月份世界贸易组织裁决，加拿大和墨西哥可就美国的 COOL 征收 10 亿美元报复关税。加拿大和墨西哥准备对包括葡萄酒和冷冻橙汁在内的美国产品征收报复性关税。鉴于此，12 月 18 日美国当时的总统奥巴马签署联邦预算法案，废除肉类产品"原产地标识规定"（COOL）。

资料来源：根据国家质量监督检验检疫总局 http：//www. aqsiq. gov. cn/xxgk_13386/tzdt/gzdt/201505/t20150525_ 440367. htm 和 Food Safety News http：//www. food-safetynews. com/2015/12/usda-ends-cool-enforcement-with-presidents-signature-on-om-nibus-bill/#. WQCJqVKB2Hq 整理。

五、出口限制

出口限制是指国家为控制商品出口而实施的一系列措施。出口限制的商品通常包含战略物资、先进技术、国内短缺物资、文物和古董以及"自动"限制出口的商品等。出口限制的手段主要有出口限额、出口价格管理、出口品质管制、出口许可证和出口结汇管制等。表 11.2 列式了几种主要出口限制措施。

表 11. 2 主要出口限制措施一览表

出口限制的形式	出口限制的含义
出口禁止	绝对禁止出口。

表11.2（续）

出口限制的形式	出口限制的含义
出口配额	确定出口数量的最高额度。
出口许可证	以许可证的形式由政府主管机构定夺是否允许出口。
出口税	以关税或费用形式对出口征收税费，以提高出口产品的价格。
最低出口价格	确定出口产品的最低价格，以提高出口产品价格，其作用与出口税相当。
自愿出口限制	自愿出口限制是由政府施加的对其某些产品在某一特定时期向某一特定国家出口的量的限制。
出口卡特尔	出口卡特尔是指企业之间为统一出口价格、控制出口数量、划分出口市场而达成的一种协议或安排。
国有贸易	国有贸易是指国家（政府）出资设立的或经营的贸易企业所从事的具有强烈行政色彩的贸易活动。这些企业通常拥有进出口特权，具有排他性和垄断性。

资料来源：蒋荣兵. 国际贸易出口限制的分析研究［J］. 国际贸易问题，2012（5）：119-127.

第三节　非关税壁垒的特点

与通常的关税壁垒相比，非关税壁垒最大的不同是具有不透明性和不确定性，主观随意性很大，一旦国家相关部门认为产品有某种嫌疑或不符合相关要求，就会马上采取措施限制进（出）口。非关税壁垒主要具有以下几个明显的特点。

第一，非关税壁垒具有更大的灵活性和针对性。关税措施，如税率的确定和关税征收的办法都是透明的，（进）出口商可以比较容易地获得有关信息。关税措施的制定、调整往往都需要通过一定的法律程序，比如，关税税率的变更是需要经过一定的法律程序的，因此关税措施具有一定程度的延续性和稳定性。而非关税措施的制定与实施，大多是采用行政程序，制定起来比较迅速，程序也比较简单，便于随时针对某国和某种商品采取或更换相应的限制进（出）口措施，从而较快地达到限制进（出）口的目的。

第二，非关税壁垒的保护作用更为强烈和直接。关税措施是通过征收关税来提高进（出）口商品成本和价格，进而削弱其竞争能力的，因而其保护作用具有间接性。而一些非关税措施，如，环保标准、技术标准等，如果产品达不到规定的标准就可以直接禁止进（出）口，这样就能快速和直接地达到限制进（出）口的目的。

第三，非关税壁垒的保护方式具有隐蔽性和歧视性。一般来说，非关税壁垒的检验标准非常复杂，大多建立在高科技基础上，并且还具有不确定性，从而使受害的一方难以做出准确判断和提出指控依据。另外，关税措施的歧视性也较低，它往往要受到双边关系和国际多边贸易协定的制约。而一些非关税措施则往往透明度差、隐蔽性强，掌握在发达国家手中的非关税壁垒具有很强的针对性，着重限制发展中国家的生命线型的产业，导致发展中国家的原本符合公平竞争原则的比较优势消失殆尽，从而丧失其竞争力。因此，发达国家的产品比较容易进入发展中国家的市场，而发展中国家的产品却因难以达到发达国家的种种标准而受到歧视性待遇，常常被拒之门外。

第四，非关税壁垒具有形式上的合法性。非关税壁垒形成的原因大多是因为 WTO 在一定程度上承认了这些措施存在的合理性。许多国家都制定了有关法律和法规，如，环保立法、技术标准法规和反倾销法等，来为这些非关税壁垒提供法律支持。比如，绿色贸易壁垒以保护世界资源环境和人类健康为名，实行贸易限制和制裁措施，这就抓住了人们关注生态环境和生活质量的心理，给自己披上了合法的外衣。

第四节　非关税壁垒对发展中国家的影响及发展中国家的应对措施

一、非关税壁垒对发展中国家的影响

联合国贸发会议（UNCTAD）2016 年发布的最新数据指出，由于非关税壁垒在当前全球贸易中的普遍性，发展中国家每年损失约 230 亿美元，这一数额相当于发展中国家每年出口收入的十分之一。贸发报告中显示，随着全球贸易中关税已降至历史低点，非关税限制措施的大规模实行已成为制约全球贸易更快发展的主要因素。伴随着许多国家中产阶层的扩大，人们普遍对产品提出了更安全、更清洁的要求，因而需要政府推出更多非关税限制措施对产品质量加以保障。

由于发展中国家在设备、技术和专业知识等方面的相对缺乏，非关税贸易壁垒在很大程度上增加了发展中国家的生产成本和贸易成本。据估计，欧盟的卫生与植物卫生措施（SPS）导致了低收入国家在出口行业遭受约 30 亿美元的损失，损失的金额约等于低收入国家与欧盟农产品贸易总额的 14%。

二、发展中国家的应对措施

客观来看，非关税壁垒对保护环境和人类健康、促进经济可持续发展有重要作用，其还将长期存在。发展中国家必须适应这种国际贸易环境，学习别国贸易经验，灵活运用国际规则，不断提高企业产品在国际市场上的竞争力，才能在非关税壁垒的影响中站稳脚跟。

（一）创新技术，提高产品及服务质量

发展中国家应致力于深入研究与开发，提高技术水平，形成自主知识产权。同时，发展中国家应调整出口商品结构，提高出口产品的科技含量，从而提高产品竞争力。这不仅可以提高利润，也是应对技术贸易壁垒的根本途径。

（二）与国际标准接轨，积极参与国际合作

大力推进国际标准取代国家标准，使本国商品满足国际标准。同时发展中国家也要加强和各国的技术交流，建立贸易双方都适应的技术标准，从而降低贸易成本。

发展中国家应该积极参与国际合作，一方面增强在国际贸易环境中的影响力，另一方面有利于开拓新市场、促进市场多元化发展，避免产品出口过于集中。

（三）充分了解进口国市场需求及当地政府政策

发展中国家应及时了解所在进口国市场对某种商品采取什么样的措施和政策以及当地制定的各种标准，对所在行业的最新动态以及消费者的最新需求充分把握，以减少非关税壁垒的影响。

为了增强非关税限制措施的透明度，联合国贸发会议（UNCTAD）推出了一个数据库，列出 56 个国家的非关税措施，涵盖了 80% 的全球贸易份额。该数据库旨在帮助决策者快速查询不同国别不同产品的非关税限制措施的要求，从而帮助各地区政策制定者协调其法规和政策，以加速地区贸易的增长。

（四）降低国内企业对外贸的依赖，扩大内需

发展中国家在发展外向型经济的同时，应更加注重国内市场的开拓，以减少国民经济增长对外贸的依赖，从根本上使得本国经济健康发展。

（五）维护国家正当权益

面对不合理的非关税壁垒，发展中国家应在 WTO 法律框架下通过积极采取应对措施来保障自身权利，依靠各级政府、行业、企业的合力来维护国家的合法权益。

针对目前一些发达国家将严重破坏生态环境的生产和活动转移到发展中国家的现象，发展中国家应该积极提出抗议，并及时向国际贸易组织反映，以此来维护发展中国家在国际贸易中的合理权益。

思考：

[11.1] 你还知道哪些非关税壁垒？

[11.2] 讨论非关税壁垒的正反影响。

[11.3] 还有什么有效的应对非关税壁垒的措施？

第十二章 全球区域经济一体化

全球经济一体化和区域经济一体化是世界经济一体化的两种基本形式。两者从本质上讲是一样的，都是通过对生产要素、商品与服务进行跨越国界的配置，推动一定范围的贸易自由化和经济一体化。只是两者合作的范围和合作的方式有所不同。全球经济一体化主要是通过在全球多边贸易谈判中削减各种关税、非关税壁垒，制定多边贸易规则，实现世界范围的贸易自由化和经济一体化。区域经济一体化主要是通过制定地区性的优惠贸易安排，建立经济集团，实现集团成员之间的贸易自由化和经济一体化。

第一节 全球区域经济一体化组织

一、世界贸易组织（WTO）

世界贸易组织（World Trade Organization，WTO）成立于 1995 年，其前身是成立于 1947 年关贸总协定（General Agreement on Tariffs and Trade，GATT）。截至 2017 年，WTO 拥有 164 个成员，其中 117 个成员来自发展中国家或者单独关税区。WTO 是全球性经济组织，总部设在瑞士日内瓦，成员贸易总额达到全球的 98%，有"经济联合国"之称。

WTO 有 16 个所有成员均参与在内的多边贸易协定和 2 个部分成员参与的复边协定。WTO 协定旨在降低贸易壁垒，促进世界经济增长。除了制定多边和（或）复边协定，WTO 还设立相关机构、提供相关法律以监督这些协定的实施和执行，同时，WTO 还负责解决因各成员国对协议的解读和应用不同而导致的各种争端。

理论上来讲，WTO 的所有决定由所有成员国达成共识后共同做出。具体来讲，WTO 的主要职能有以下部分。

1. 通过谈判降低直至取消贸易壁垒，如进口关税和其他贸易壁垒；协商监管国际贸易行为的准则，如反倾销、反补贴、产品制造标准等；

2. 监督和管理 WTO 协定在货物贸易、服务贸易以及知识产权贸易中的应用；

3. 监督和审核成员国的贸易政策，确保区域和双边贸易协定的透明性；

4. 解决成员国之间由于对 WTO 各协定的解读和应用的不同而导致的争端与矛盾；

5. 培养发展中国家政府官员处理国际贸易事务的能力；

6. 协助另外约 30 个非成员加入 WTO；

7. 开展经济研究，收集并发布贸易数据以支持 WTO 的其他主要活动；

8. 向公众宣传 WTO 以及 WTO 的任务和活动。

WTO 自成立以来的一贯指导原则是追求对外开放，保证成员国之间的最惠国待遇和非歧视待遇，并承诺一切行为的透明度。在考虑了合理的例外情况和保持足够灵活性的基础上，对外开放不仅有利于可持续发展，提高人民福利水平、减少贫困，还能够促进和平与稳定。当然，对外开放市场还需要同国内和国际政策合理结合，依据各成员国的需求和期望促进经济增长和发展。

二、欧洲联盟（EU）

欧洲联盟（European Union，EU）成立于 1993 年，总部设在比利时首都布鲁塞尔，其前身为成立于 1958 年的欧洲共同体（European Economic Community，EEC），德国、法国、意大利、荷兰、比利时和卢森堡 6 国为创始成员。截至 2017.年有 28 个会员，24 种正式官方语言。28 个成员中的 19 个统一使用欧元（Euro）为官方货币，称为欧元区。

EU 成员国之间摒除了边界的囿限，成员国居民可以自由地在各成员国之间生活、工作和旅行。统一市场成了 EU 经济发展的引擎，大部分货物和服务在成员国之间可以自由流动，自由流动领域甚至扩大到能源、知识和资本市场，这有助于成员国从资源中获取最大收益。

EU 是世界上一支重要的经济力量。EU 人口占世界总人口的 7%左右，而 2014 年其 GDP 却是世界 GDP 的 17.1%。EU 于 2016 年的出版物《贸易》中指出 EU 约34%的 GDP 来自于对外贸易，EU 的贸易额在 1999 到 2010 年间增长了 1 倍。EU 是 59 个国家的最大贸易伙伴国，中国和美国的最大贸易伙伴国数量分别是 37 和 23。2014 年，EU 进出口额占世界进出口总额的 16.6%。

三、北美自由贸易区（NAFTA）

北美自由贸易协定（North American Free Trade Agreement，NAFTA）是由美国、加拿大和墨西哥 3 国组成的，于 1994 年 1 月 1 日正式生效，北美自由贸易区（North American Free Trade Area，NAFTA）即宣布成立。NAFTA 的目标在于消除美、加、墨三国之间的贸易和投资壁垒。《北美自由贸易协定》生效当年，墨西哥出口至美国的约一半出口品以及美国出口墨西哥的约三分之一出口产品的关税被立即取消了。美加之间大多数贸易都是免税的。

北美自由贸易区由两个发达国家和一个发展中国家组成，它们之间在政治、经济、文化等方面差距很大。因此，北美自由贸易区是通过垂直分工来体现美、加、墨三国之间的经济互补关系，促进各方经济发展的。北美自由贸易区的合作模式是美国和加拿大利用发达的技术和知识密集型产业，通过扩大对墨西哥资本密集型商品的贸易和资本的流动来获得收益；而墨西哥利用廉价的劳动力优势发展劳动密集型产业和制造业，并将产品出口到美国和加拿大，同时从美国和加拿大获得投资和技术。

NAFTA 扩大了美国对加拿大和墨西哥的出口，使美国资本能够无阻碍地进入墨西哥的能源、金融和电信等产业和利用墨西哥的廉价劳动力。加拿大的收益包括扩大对美国和墨西哥的出口，并促进了对两国的投资。而墨西哥的收益是扩大了进入美国和加拿大市场的机会，从两国吸引了大量外资并引进了先进技术和管理经验。

阅读 12.1

NAFTA 正式生效以来，几乎零关税的贸易自由化极大地推动了美国、加拿大和墨西哥三国的市场融合，促进了相互之间的贸易。到 2016 年，美国和加拿大的双边贸易额增加到 5 492.4 亿美元，为 1993 年的约 2.6 倍，加拿大贸易顺差为 173.7 亿美元；美国和墨西哥的双边贸易额增长到 5 278.2 亿美元，为 1993 年的约 6.4 倍，墨西哥贸易顺差为 658.9 亿美元；加拿大和墨西哥的贸易额增长到 307.9 亿美元，为 1993 年的约 9 倍，墨西哥贸易顺差为 192.8 亿美元。

NAFTA 生效以来，墨西哥在区域内的贸易增长最快，并且也处于较大的贸易顺差状态。美国和加拿大的贸易也有很大的增长，但贸易差额地位的变化不大，并且加拿大出口美国的多为资源性原材料产品，不会给美国制造业就业带来影响。与此同时，自北美自贸区建立以来，美国对墨西哥的直接投资增长很快，同时墨西哥也吸引了较多的国外投资，将墨西哥作为面向美国市场的生产基地。因此，在 NAFTA 的三国关系中，加拿大和墨西哥对美国市场的依赖都大于美国对两国市场的需要，尤其以墨西哥对美国市场的依赖为甚。

美国总统 Donald Trump（唐纳德·特朗普）就任以来接连炮轰《北美自由贸易协定》，特朗普在总统竞选中就声称 NAFTA 是"美国有史以来最糟糕的协定"，并承诺当选后重新谈判或废除协定。在正式就任美国总统的第三天（2017 年 1 月 22 日），特朗普就迫不及待地表示将在同加拿大和墨西哥领导人会面时商讨重新谈判的事宜。特朗普认为 NAFTA 对美国不公，大量的制造业转移到了墨西哥，造成了美国就业机会的损失，同时移民和边境安全议题也需要重新谈判。故而，美国谈判的诉求主要在两个方面：一是在经济关系上要使 NAFTA 条款对美国更为"公平"，留住美国制造业并带来新的就业岗位；二是收紧对墨西哥的移民和边境政策。

资料来源：李春顶. 《北美自由贸易协定》的前途命运［J］. 世界知识，2017（6）：46-47.

四、亚洲太平洋经济合作组织（APEC）

亚洲太平洋经济合作组织，简称亚太经合组织（Asia-Pacific Economic Cooperation，APEC），有 21 个成员，是亚太地区最具影响力的经济合作官方论坛。1989 年 11 月 5 日至 7 日，于澳大利亚举行亚太经济合作会议首届部长级会议，标志着亚太经济合作组织的成立。

APEC 致力于促进亚太地区平衡的、可持续的、包容的、创新的、安全的经济增长，倡导自由开放的贸易，促进加速区域经济和技术合作，营造有利的并可持续的商业环境，以此为区域人民创造更大的经济繁荣。

APEC 已经成为亚太地区经济增长的引擎，是亚太区内各地区之间促进经济成长、合作、贸易、投资的论坛，该组织为推动区域贸易投资自由化，加强成员间经济技术合作等方面发挥了不可替代的作用。其 21 个成员拥有 28 亿人口，2015 年 APEC 成员国的 GDP 总量约占世界 GDP 的 59%，同年，APEC 成员国的贸易总量约占世界贸易的 49%。APEC 极大地促进了区域内的经济增长，实际 GDP 从 1989 年的 19 万亿美元增长到 2015 年的 42 万亿美元。在二十多年间，亚太地区居民的人均收入增长了 74%，上百万居民脱离了贫困。

APEC 的一系列措施，比如，降低关税和理顺成员国之间相关法规的差异等，使得亚太地区国家更加紧密地团结在一起，这为区域内成员带来了经济的繁荣。数据表明 APEC 将平均关税由 1989 年的 17% 降到了 2012 年的 5.2%。在同一时期，APEC 的总贸易额的增长超过了 7 倍，超过世界其他国家，其中三分之二的贸易发生在成员国之间。

五、东南亚国家联盟（ASEAN）

东南亚国家联盟（Association of Southeast Asian Nations），简称东盟（ASEAN）。于 1967 年 8 月 8 日在泰国曼谷成立。印度尼西亚、马来西亚、新加坡、菲律宾、泰国五国为创始成员国。它们共同签订了《东南亚国家联盟成立宣言》，即《曼谷宣言》。随后，文莱（1984 年 1 月 7 日）、越南（1995 年 7 月 28 日）、老挝（1997 年 7 月 23 日）、缅甸（1997 年 7 月 23 日）和柬埔寨（1999 年 4 月 30 日）先后加入东盟，共同组成了东盟十国。

ASEAN 各成员国总领土面积 440 万平方千米，是世界总面积的 3%；总人口接近 6.4 亿，占世界人口的 8.8%。2015 年，ASEAN 各成员国总的名义 GDP 增长到超过 2.8 万亿美元。如果把 ASEAN 看成一个整体，那么它是世界排名第 6 的经济体，前 5 位分别是：美国、中国、日本、德国和英国。

ASEAN 是亚洲一体化合作的平台，成员国协同亚洲其他非成员国一起解决区域内争端和问题，促进区域的统一、繁荣和可持续发展。在 ASEAN 宣言中，对其目标是这样描述的：

1. 本着平等和伙伴关系的精神，共同努力促进区域经济增长、社会进步和文化发展，强化东南亚国家联盟繁荣和平的基础；

2. 处理成员国之间关系时，应尊重正义和法治，坚持联合国宪章的原则，共同促进区域和平和稳定；

3. 促进成员国在经济、社会、文化、技术、科技和管理等领域共同关心的问题上的积极合作和相互援助；

4. 在教育、职业、技术和行政领域以培训和提供研究设施的形式互相帮助；

5. 促进成员国之间更有效地合作，更好地利用成员国的农业和工业，扩张成员国之间的贸易，研究国际商品贸易的问题，改善成员国的运输和通信设施，改善人民生活水平；

6. 促进东南亚国家研究；

7. 同有相似目标的其他国际和区域组织保持紧密、互利的合作关系，开拓彼此之间更密切合作的各种途径。

六、经济合作与发展组织（OECD）

经济合作与发展组织（Organization for Economic Co-operation and Development），简称经合组织（OECD），是由 35 个市场经济国家组成的政府间国际经济组织，成立于 1961 年，总部设在法国巴黎。

经济合作与发展组织的前身为于 1948 年 4 月 16 日由西欧十多个国家成立的欧洲经济合作组织。1960 年 12 月 14 日，加拿大、美国及欧洲经济合作组织的成员国等共 20 个国家共同签署《经济合作与发展组织公约》，决定成立经济合作与发展组织。在公约获得规定数目的成员国议会的批准后，《经济合作与发展组织公约》于 1961 年 9 月 30 日在巴黎生效，经济合作与发展组织正式成立。

OECD 旨在共同应对全球化带来的经济、社会和政府治理等方面的挑战，并把握全球化带来的机遇，促进世界人民的经济和社会福利。具体来讲，OECD 致力于协助世界各国政府：

1. 恢复对市场和促使市场发挥功能的机构的信心；
2. 重建健康的公共财政，作为未来经济可持续发展的基础；
3. 通过创新、环境友好的"绿色增长"战略和新兴经济体的发展，促进新的增长源；
4. 确保各年龄层的人都拥有适应未来工作岗位的工作技能。

七、"金砖国家"（BRICS）

"金砖国家"（BRICS）引用了俄罗斯（Russia）、中国（China）、巴西（Brazil）、印度（India）和南非（South Africa）的英文首字母。2001 年，美国高盛公司首席经济师吉姆·奥尼尔（Jim O'Neill）首次提出"金砖四国"（BRIC）这一概念，特指新兴市场投资代表。2010 年南非（South Africa）加入后，其英文单词变为"BRICS"，并改称为"金砖国家"，其中，S 为南非的英文首字母。

截至 2016 年，BRICS 拥有世界 43% 的人口，其 GDP 总量占世界 GDP 的 30%，其贸易总额占世界贸易额的 17%。BRICS 成员国均为世界领先发展中国家或者新兴工业国家，均是 G20（20 国集团）成员国。5 个成员国以经济规模大、经济发展速度快、对区域事务影响力大而区别于其他发展中国家。金砖国家遵循开放透明、团结互助、深化合作、共谋发展的原则和"开放、包容、合作、共赢"的金砖国家精神，致力于构建更加紧密、全面、牢固的伙伴关系。自 2009 年开始，BRICS 成员国每年都会举行正式峰会。2017 年 9 月，中国在厦门主办了 BRICS 第 9 次峰会。

八、"一带一路"（B&R）

"一带一路"（The Belt and Road，B&R）是"丝绸之路经济带"（The Silk Road Economic Belt）和"21 世纪海上丝绸之路"（The 21st-Century Maritime Silk Road）的简称。"一带一路"倡议是涉及 60 多个国家、40 多亿人口，涵盖政治、贸易、能源、金融、安全等领域的综合性倡议。

2013年9月和10月出访哈萨克斯坦和印度尼西亚时，中国国家主席习近平先后提出共建"丝绸之路经济带""21世纪海上丝绸之路"的倡议。2015年多部委联合发布了《推动共建丝绸之路经济带和21世纪海上丝绸之路的愿景与行动》，这意味着"一带一路"建设进入了实质性推进阶段。

"一带一路"建设的核心目标是实现中国与沿线国家间的互联互通，长远目标是实现跨越亚非欧大陆国家和地区的区域经济一体化。推进"一带一路"建设是经济发展新阶段中国对外开放的重大举措，它标志着中国的对外开放由过去的沿海开放扩大至全线开放，对外经贸合作伙伴由聚焦发达经济大国转向周边国家和发展中国家，对外开放的动机由利用全球资源促进本国经济增长转向发挥本国资源优势促进周边和本国经济的共同繁荣。

阅读 12.2

根据中华人民共和国商务部《中国对外直接投资统计公报》，2013年中国境内投资者共对全球154个国家和地区、5 090家境外企业进行了直接投资，非金融类企业的累计投资额达到901.7亿美元。2003—2013年，中国对外直接投资的年均增速高达49.24%，对"一带一路"沿线国家直接投资的年均增速更是高达58.07%，对独联体国家和中亚国家直接投资的年均增速达到271.22%与180.95%。从2013年非金融类对外直接投资区域结构分布看，对"一带一路"沿线国家和地区的直接投资规模占中国对外直接投资总额的比例为11.4%。其中，中国企业直接投资较为集中的国家和地区为东南亚、俄罗斯和中亚，占中国企业对外直接投资总额的比例分别为4.71%、1.22%和1.03%。"一带一路"沿线国家和地区是吸引跨国企业直接投资的热点。2013年世界外商直接投资吸收存量达到百亿美元的64个国家中，43个属于"一带一路"沿线国家。但同年，中国对"一带一路"沿线国家的投资存量为704.1亿美元，只占"一带一路"国家和地区吸收外商直接投资存量的1.58%。"较小占比"与"较快增速"构成了中国企业对"一带一路"沿线国家和地区直接投资的两大特征，说明有较大的增长空间。推进"一带一路"建设将有助于改善沿线国家和地区的投资环境，从而促进中国企业在该地区的投资。

2013年在中国承包工程签约排名前十位的国家中，有9个属于"一带一路"沿线国家。同年，中国在该地区承包工程完成营业额较多的国家为：沙特（5.88亿美元）、印度（5.28亿美元）、印尼（4.72亿美元）、巴基斯坦（3.7亿美元）、越南（3.59亿美元）、伊拉克（3.38亿美元）、哈萨克斯坦（2.92亿美元）和新加坡（2.81亿美元）。"一带一路"沿线许多发展中国家基础设施落后，经济发展面临基础设施瓶颈。亚洲开发银行估计，亚洲地区基础设施每年需要的资金缺口高达7 000~8 000亿美元。共建"一带一路"将会促进中国的资金、技术和施工队伍流向"一带一路"沿线国家和地区，中国对外工程承包企业和国内建设材料和装备制造企业将会在"一带一路"建设中获得收益。中国在海外建设的首条高铁——土耳其安伊铁路建成通车，带动机电设备、铁路通信等进入海外市场。中国路桥公司实施的肯尼亚蒙内铁路，全部采用中国技术标准，迈出了"中国标准"走出去的关键一步。

2015 年，我国企业共对"一带一路"相关的 49 个国家进行了直接投资，投资额同比增长率为 18.2%。2015 年，我国承接"一带一路"相关国家服务外包合同金额为 178.3 亿美元，执行金额为 121.5 亿美元，同比分别增长 42.6%和 23.45%。

资料来源：根据 UN Comtrade Database 数据库，中国新闻网 http：//finance. chinanews. com/cj/2015/01-28/7014026. shtml，以及于津平和顾威（2016）等相关资料整理。

第二节　全球区域经济一体化的趋势

一、全球经济区域一体化呈加速发展趋势

受到全球金融危机和贸易保护主义冲击的各国，为了扩大经济发展空间，纷纷寻求跨国界合作。同时又鉴于世界贸易组织（WTO）谈判难度比较高，各国把签订区域自由贸易协定作为推动贸易自由化的新选择，以推动整个区域内投资、贸易和服务等领域的开放合作。区域性贸易协定（RTA）最开始的时候发展很缓慢，但从 20 世纪 80 年代末、90 年代初开始进入了快速发展的时期，特别是进入 21 世纪以后，区域性贸易协定的数量以平均每年 10 个以上的速度增加。根据 WTO 的统计，1948 年至 1994 年期间向关贸总协定（GATT）通报的 RTAs 只有 123 个，截至 2015 年年底，WTO 会员间已通报的区域贸易安排有 739 个，而已经实施的区域贸易协定有 541 个。在全球范围内，几乎所有的 WTO 成员都参加了至少一个区域自由贸易协定，区域自由贸易协定所完成的国际贸易额占到全球贸易额的 60%以上。

二、跨区域合作迅速发展

传统的自由贸易协定主要是由像欧盟、北美、东盟等这样天然地理毗邻的国家之间缔结的，近年来自由贸易更多地体现出了跨区域的特点。在所有 WTO 成员中，缔结跨区域贸易协定的缔约方已经从 2003 年的 65 个增加至 2012 年的 155 个；在已经实施的区域贸易协定中，跨区域协定的比例从 10%上升至 38.9%。比如，跨太平洋自由贸易协定，成员国来自亚洲、北美洲和大洋洲等地区；正在谈判的跨大西洋贸易与投资伙伴关系协议（TTIP），囊括了美、欧两大经济主体；横跨亚洲与大洋洲的区域全面经济伙伴关系协定（RCEP）谈判，谈判方包括东盟 10 国、日本、韩国、澳大利亚、新西兰、印度和中国。

三、自由贸易协定成为区域经济一体化安排的主要形式

根据 WTO 对 RTAs 分类型的数量统计，区域经济一体化协定主要分为关税同盟（CU）、自由贸易协定（FTA）、经济一体化协定（EIA）和优惠贸易协定（PTA）四种形式。在 WTO 分类统计的正在生效的 398 个 RTAs（含重复统计）中，FTA 为 240 个，经济一体化协定为 118 个，关税同盟为 25 个，优惠贸易安排为 15 个；所占比例分别为

60.3%、29.6%、0.06%和0.037%。20世纪90年代以来，FTA成了主流。大部分国家之间签署的RTAs都为FTA或FTA & EIA，FTA或FTA & EIA占全部RTAs的90%。这是由于FTA和其他几种类型相比具有明显的优点。例如，FTA和CU相比具有较大的灵活性，它只要求签署协定的成员国之间相互降低和取消关税，而不要求对其他非成员国采取统一关税政策。这样就保证了各个国家的贸易政策的独立性。

四、深度合作成为主流

以往的区域经济一体化主要是以货物贸易为主，聚焦在货物贸易领域的关税降低方面。在货物贸易自由度已经相对较高的情况下，自由贸易协定在货物贸易领域的可谈判空间不大。目前，各国越来越多地将精力放在深化合作上，新一代区域贸易协定涵盖了服务贸易自由化、农产品贸易自由化、投资自由化、贸易争端解决机制、竞争政策、知识产权保护标准，甚至包括环境标准和劳工标准等超越WTO协定的内容。

五、区域经济一体化由发达经济体主导趋势更加明显

区域贸易协定谈判在发达国家之间出现强强联合的趋势。在全球金融危机后，发达经济体陷入了程度不等的麻烦，为应对国际经济形势变化及发展中国家的挑战，维持全球经济影响力，各发达经济体对区域经济合作的重视程度空前提高。比如，美欧之间的跨大西洋贸易和投资伙伴关系协定（TTIP）谈判在2013年7月9日正式启动，这将是世界上最大的北北型自由贸易区。同样的故事也发生在欧盟，近年来欧盟加快了自由贸易协定的谈判与签署进程，越来越多的发展中国家也开始加入欧盟的自由贸易协定计划。不难看出，发达经济体借助其在技术、经济、人力资源等方面的绝对优势地位，在全球区域经济一体化中可以轻而易举的发挥主导作用。从近年来的谈判议题也可以看到，发达经济体主导的自由贸易协定标准更高、内容更广，对国际贸易规则的制定影响也更加明显。理所当然地，发达经济体成为全球区域经济一体化重要的推动力。

六、以南南合作为代表的发展中国家区域经济一体化进程加快

近年来发达经济体不同程度地出现了经济增长放缓、消费不足的问题，使得发达国家的贸易保护主义有所抬头，发展中国家要开拓发达国家市场的难度更大。在此情况下，越来越多的发展中国家将希望寄托于日益盛行的自由贸易区和区域经济一体化上，并将其作为应对贸易保护主义的利器。一方面，发展中国家积极参与由发达经济体主导的各种区域一体化协定。比如，中美洲各国与美国的自由贸易协定，也是希望能够借助美国经济之力获得一定的发展机会；另一方面，更多的发展中国家开始重视与其他发展中国家的自由贸易区建设。比如，印度、巴西等11国签订了新兴国家相互减免关税的贸易协定；2011年下半年非洲大陆的三大组织——东南非共同市场、东非共同体和南部非洲发展共同体——启动三方自由贸易区谈判，成为加速整个非洲内部贸易与经济一体化进程的标志性事件。可以想象，在未来的日子里，发展中国家之间的合作（也即南南合作）将会有更大的进展。

七、亚太地区成为自贸区建设的焦点

亚太地区集中了全球超过40%的人口和60%的经济体量，而且相对于西方世界经济的疲软，亚太地区有中国、印度、东盟等经济增长速度较快的几个经济体，是全球经济比较活跃的地区。在出口和制造业受到金融危机冲击后，亚太地区的自贸区建设明显加速，各种区域经济一体化合作协定不断签订。比如，2012年的东盟十国与中日韩等国启动的RCEP协定（区域全面经济伙伴关系协定），中日韩三国的FTA协定（自由贸易协定），都是这个地区区域经济一体化合作的重要成果。此外还有东盟与中日韩的"10+1""10+3"等以及中国推动的亚投行，都成了推动区域经济一体化的重要力量。与此同时，一些亚洲国家在美欧主导的自由贸易区战略布局中也纷纷成为重要角色，进一步活跃了亚太地区的区域经济合作。比如，欧盟与新加坡，欧盟与韩国已签订了自贸协定。欧盟正和日本、印度、泰国、越南等国进行自贸区谈判。

阅读 12.3

改革开放以来，中国从资本高度紧缺的国家，转变为现在的这样一个资本过剩的大国。产能过剩也是我们目前应该考虑的问题，到2015年下半年，国家发改委统计报告得出最少存在二十五个产业有产能过剩这一问题。"一带一路"项目的目的就是把我国过剩的资本转移到资本短缺的沿线国家中去，这不仅有利于国内的剩余资本的输出再利用，更加帮助了周边资本短缺国家。我国虽然是发展中国家，但是毋庸置疑是当今世界最具建设基础设施能力的国家，过关的技术水平完全可以满足东南亚以及中亚的一些相对落后的国家对于基础设施建设存在的大规模需求。我们可以利用现有的技术资金帮助域外国家，实现双方的互惠互利。

中国国家主席习近平在2013年10月提出建立亚洲基础设施投资银行（简称为"亚投行"）的倡议，得到很多国家的积极响应，2015年12月亚投行宣告正式成立。2015年，我国企业共对"一带一路"相关的49个国家进行了直接投资，投资额同比增长18.2%。

以基础设施建设为核心的"一带一路"，如果没有亚投行推动的话便无法顺利实施，基础设施建设需要巨大的资金投入，仅凭单个国家的能力很难完成。"一带一路"沿线国家基础设施相对落后，急需投资建设涵盖铁路、公路、航空、水运等的立体式交通走廊，打通包括水电、油气、煤电、太阳能、风能等能源板块，构建涉及电信、互联网等的信息网络一体化。亚投行作为一个多边开放性的金融组织机构，主要投资方向就是基础设施建设，因此"一带一路"沿线必然属于重点投资区域。

亚投行通过提供资金以及技术等方式使亚洲国家普遍受惠，履行了中国作为大国在区域和世界的责任。再者，亚投行成立以来就一直鼓励使用人民币，这一行为将极力地扩大人民币跨境结算和货币互换的规模，使区域及国际贸易结算方式更多元，便捷。亚投行的初始注册资金为1 000亿美元，而我国的投入资金占将近百分之三十。所以，在选择货币进行结算这个问题上，中国作为最大的股东拥有绝对的主导权，这对推动人民币国际化相当有利。另外，亚投行成立的主要目的是在亚洲范围内推进基础

设施建设，促进亚洲各国的互联互通，互惠互利，为亚洲一体化助力，对推动南南合作以及南北合作有重要作用。

资料来源：王欣莹. "一带一路"背景下的亚投行金融战略分析［J］. 时代金融，2017（24）：34-35.

第三节　区域经济一体化的影响

全球区域经济一体化对世界经济发展的影响，有积极有利的一面，也有消极不利的一面。下面从不同角度对其进行分析。

一、对贸易自由化的影响

对外实行贸易保护，对内实行自由贸易是区域经济一体化的主要特点。一方面，区域经济一体化是推进全球经济一体化和实现全球贸易自由化的"营造物"。FTA 谈判一般是双边谈判或者参与国家有限的多边谈判，谈判国家相对较少，更容易达成自由贸易的妥协。而且由于谈判国家经济实力相当或经贸利益互补性强，经济合作的范围与深度大大高于 WTO 的自由贸易相关做法，比如，农业、知识产权、技术标准等这类WTO 多次谈判却无结果的领域，在自由贸易协定中往往得以实现。因此，自由贸易区的大量出现可为全球经济一体化积累经验，有助于加快贸易自由化进程。在全球经济一体化不可能在短时期内实现的情况下，区域经济一体化是一种务实的选择。

另一方面，区域经济一体化是推动全球经济一体化、实现全球贸易自由化的"阻碍物"。FTAs 成员对外采取歧视性政策，给非成员方造成出口与投资的不公正待遇，这无疑会人为制造贸易摩擦。特别是由发达国家主导的 FTAs，设置各种技术标准和劳动标准，使得贸易自由化困难重重。从这个角度来看，区域经济一体化是一种新型的集团式贸易保护主义，与传统的单边贸易保护主义相比，其方式因为有了合法的外衣而变得更为隐蔽，因而其对全球贸易自由化的危害性更大。

二、对全球资本流动与产业结构优化的影响

自贸区的建立影响到资本、劳动力、技术、信息等生产要素的国际流动，进而带来新一轮的产业结构优化调整。自贸区的建立，会产生投资转移和投资创造效应。前者主要是因为自贸区成员的对外投资将会以各成员国为主，对非成员的投资减少，即使是区域内的投资，也会主要集中在环境更好、政策更优惠的成员国，促进其产业结构的优化升级。后者则主要是随着自贸区的成立，区域内贸易壁垒被打破，对区域外的国家而言，通过在自贸区的某个成员国投资，可以有效规避整个自贸区其他成员的贸易壁垒，这无疑会大大增加投资。相应地，针对自由贸易区的投资增加，就意味着全球其他地区的投资可能会减少。

三、对全球经贸秩序与运行规则的影响

近年来，新兴经济体在全球经济中获得了更大的力量，对二战后由发达国家主导形成的全球贸易和投资等规则产生了挑战。发达国家为了延续其在国际贸易中的主导地位，在自由贸易区谈判中，又开始发挥技术、资金等方面的优势，试图重新制定世界经贸合作规则。发达国家主导的自由贸易协定谈判涉及的开放层次更高、市场准入更严，对国际经济规则、法律的影响也要超过其他国家的自贸区。比如，欧盟主导的自贸区谈判中不仅涉及传统的货物贸易，更是对知识产权、环境保护、劳动标准、农业等敏感领域进行规范，甚至对国有企业都提出规范要求，其涉及的范围更广、要求更严、标准更高。可以想象，随着此类自贸区越来越多，将会对全球经贸秩序和运行规则产生深远影响。

四、对全球经贸格局的影响

不同国家的经济发展速度不同，发展水平不同，由不同国家主导的自贸区的影响也会不同。各国对区域内经济依赖的加强和各区域对外合作谈判能力的提升，必然会对全球经济贸易格局产生深远的影响。比如，北美自由贸易区、欧盟、亚太经合组织等区域经济一体化组织的逐步形成与完善，彻底改变了世界经济贸易往来的格局。区域合作的增强，还在相当程度上加剧了全球经济发展的不平衡性，近年来南北经济发展差异进一步扩大就是明显例证。从长远来看，地区发展不平衡还可能导致政治冲突。

第四节　发展中国家如何应对全球区域经济一体化

对于发展中国家来说，全球区域经济一体化是一把"双刃剑"，它既给广大发展中国家带来追赶发达国家的新机遇，促进经济发展；同时，也不可避免地对发展中国家的主权、文化、资源、生态和经济发展带来了很大风险和威胁。全球区域经济一体化已成为经济发展的必然趋势。发展中国家要全面分析世界经济、政治与社会发展趋势，深刻研判全球区域经济一体化引发的正反两方面的影响，根据本国实际制定出相应的对策，更好地融入一体化，促进自身发展。

一、主动作为，积极应对

对发展中国家而言，与其坐等被全球经济一体化的浪潮吞噬，不如主动作为、提前谋划、勇敢面对机遇与挑战。一方面，发展中国家应借助全球经济一体化的发展机遇，充分利用国外资本、先进技术和管理经验，同时在不断引进外资时，要注重技术转化，通过提升本国自主创新的能力，为本国经济的发展创造条件。另一方面，发展中国家应树立全球化发展战略，加速本国民族工业的整合优化，支持并引导企业积极参与国内外市场竞争。通过培育和壮大本国的跨国公司，以国际视野配置和整合资本、人才、技术等方面的资源，以获取全球化的最大利益。

二、加快适应全球经济一体化规则

全球经济发展以发达国家作为主导，发展中国家希望打破这一格局在短期之内是不现实的。因此，发展中国家唯有适应全球区域经济一体化的游戏规则，在其框架下逐步完善国内经济体制。通过不断深化改革，逐渐培育竞争优势，推动经济发展，引导产业转型升级。同时应从本国国情出发，遵循经济发展规律，注重发展时序，切忌急于求成。

三、积极参与国际分工和国际贸易

由于廉价劳动力这一比较优势的存在，大部分发展中国家的进出口贸易仍然集中于劳动密集型产业。未来，发展中国家应更加积极地参与国际分工合作，扩大对外贸易，在保持比较优势和保护民族产业的同时，适时地实现经济结构的调整，逐渐从劳动密集型产业向资本密集型产业转移。同时，通过进出口贸易积累经济发展需要的资本，利用全球产业调整的机会，促进本国产业结构优化升级，提升本国经济自主性，提高抗风险能力。

四、加强风险防范意识，维护国家经济金融安全

发展中国家要为经济和贸易的顺利运行提供可靠的法律保障，维护国家经济的安全和可持续发展。一方面，要保护民族产业，立足内资，保持自身金融产业的健康发展；另一方面，要合理利用外资，建立有效的金融风险防范机制。合理控制外债规模，对短期资本的大进大出严加控制，防止对冲基金进行投机性炒作。

五、重视人才和创新

在信息社会和知识经济时代，人的要素对经济发展的作用越来越大，国与国之间的竞争最终将体现于人才的竞争。因此，发展中国家不仅要大力发展教育，还要通过"走出去，请进来"的方式，加快培育具有国际视野，熟悉国外经营环境和国际商业规划的人才队伍。注重创新型人才的挖掘与培养，注重技术和知识创新能力的提高，注重人力资本的续存，为本国经济发展打下坚实的人才基础。

随着科学技术的高速发展和加速传递，发展中国家要在充分利用国外资本、先进技术和管理经验的同时，发挥后发优势实现追赶战略，主动吸收与创新，研发新技术和新科技。此外，政府应从政策和法律的高度，管制不合理竞争，鼓励创新，提升本国自主创新的能力，为本国经济的发展创造条件。

思考：

[12.1] 你认为世界经济发展的未来趋势如何？

[12.2] 你认为世界经济一体化和区域经济一体化的利和弊分别是什么？

参考文献

一、中文参考文献

【1】宝贡敏，丕禅. 规模经济下的国际分工与国际贸易 [J]. 国际贸易，1996 (3)：17-18.

【2】本刊编辑部，现代国际贸易理论的奠基人——记 1977 年诺贝尔经济学奖获得者、瑞典经济学家贝蒂尔·戈特哈德·俄林 [J]. 财政监督，2016 (3)：18-22.

【3】蔡昉."中等收入陷阱"的理论、经验与针对性 [J]. 经济学动态，2011 (12)：4-9.

【4】陈向东. 非关税壁垒的新形式及中国的对策 [J]. 市场研究，2004 (3)：13-14.

【5】邓飞. 新读书无用论的形成机制及其应对策略 [J]. 教育评论，2017 (8)：12-17.

【6】多米尼克·索尔维托瑞. 国际经济学 [M]. 北京：清华大学出版社，1998：103-104.

【7】邓翔，路征."新新贸易理论"的思想脉络及其发展 [J]. 财经科学，2010 (2)：41-48.

【8】戴勇，俞林，徐立清. 我国对外贸易"贫困化增长"的实证分析 [J]. 商业时代，2007 (16)：32-34，43.

【9】樊瑛. 新新贸易理论及其进展 [J]. 国际经贸探索，2007，23 (12)：4-8.

【10】冯宗宪，王石，王华. 中国和中亚五国产业内贸易指数及影响因素研究 [J]. 西安交通大学学报（社会科学版），2016 (1)：8-16.

【11】胡剑波，刘国平. 对全球经济一体化和区域经济一体化的思考 [J]. 重庆科技学院学报（社会科学版），2008 (4)：73-74.

【12】韩军伟. 环境法规对国际贸易的影响：国外研究综述 [J]. 国际经贸探索，2009 (3)：71- 75.

【13】江建军. 对斯托尔珀——萨缪尔森定理的质疑 [J]. 经济学家，1997 (3)：5.

【14】蒋荣兵. 国际贸易出口限制的分析研究 [J]. 国际贸易问题，2012 (5)：119-127.

【15】孔昊."荷兰病"之殇 [J]. 支点，2015 (5)：106-111.

【16】李春顶.《北美自由贸易协定》的前途命运 [J]. 世界知识，2017 (6)：46-47.

【17】李稻葵，刘霖林，王红领. GDP 中劳动份额演变的 U 型规律 [J]. 经济研究，

2009 (1): 70-82.

【18】梁东黎. 斯托尔帕-萨缪尔森定理再研究 [J]. 东南大学学报 (哲学社会科学版), 2014 (5): 15-24, 134.

【19】卢锋, 李昕, 李双双, 等. 为什么是中国——"一带一路"的经济逻辑 [J]. 国际经济评论, 2015 (3): 9-34, 4.

【20】李钢, 叶欣. 新形势下中国关税水平和关税结构的合理性探讨 [J]. 国际贸易问题, 2017 (7): 3-16.

【21】刘桦林. 里昂惕夫之谜与战后贸易理论的发展 [J]. 国际贸易问题, 1994 (1): 29-32, 59.

【22】吕连菊, 阚大学. 新新贸易理论、新贸易理论和传统贸易理论的比较研究 [J]. 经济论坛, 2011 (9): 27-39.

【23】刘林青, 李文秀, 张亚婷. 比较优势、FDI 和民族产业国际竞争力 [J]. 中国工业经济, 2009 (8): 47-57.

【24】李慕菡, 王立军. 国际贸易对我国环境污染的影响与对策分析 [J]. 对外经贸实务, 2008, (2): 92-95.

【25】黎美玲. 探析渝新欧铁路对重庆外贸经济增长的促进作用 [J]. 经贸实践, 2017 (7): 50-52.

【26】李鹏. 浅谈全球经济一体化对发展中国家的影响与对策思考 [J]. 财经界 (学术版), 2016 (14): 40-41.

【27】李双元, 李赞. 从 WTO 和 EU 法律制度谈全球经济一体化与区域经济一体化的关系 [J]. 湖南师范大学 (社会科学学报), 2005, 34 (6): 74-79.

【28】马慈和. 赫克歇尔经济史方面的研究成果 [J]. 世界经济, 1990 (5): 20-23.

【29】马林静, 韩秀申. WTO 全面取消农产品出口补贴对我国农产品贸易的影响及对策 [J]. 对外经贸, 2016 (4): 4-7.

【30】钱学锋, 陆丽娟, 黄云湖, 陈勇兵. 中国的贸易条件真的持续恶化了吗?——基于种类变化的再估计 [J]. 管理世界, 2010 (7): 18-29.

【31】全毅. 全球区域经济一体化发展趋势及中国的对策 [J]. 经济学家, 2015 (1): 94-104.

【32】商务部综合司, 商务部国际贸易经济合作研究院 [R]. 国别贸易报告 (美国). 2017 (1).

【33】商务部综合司, 商务部国际贸易经济合作研究院 [R]. 国别贸易报告 (俄罗斯). 2017 (1).

【34】商务部综合司, 商务部国际贸易经济合作研究院 [R]. 国别贸易报告 (澳大利亚). 2017 (1).

【35】王晨. 浅析全球经济一体化对发展中国家的影响及对策 [J]. 经贸实践, 2017 (2): 31-32.

【36】吴昊. 小心通关环节壁垒 [J]. 中国海关, 2006a (12): 44-45.

【37】吴昊. 贸易壁垒中的"软刀子"——通关环节壁垒的解析及应对措施 [J].

WTO 经济导刊, 2006b (11): 46-47.

【38】王海军. 新新贸易理论综述、发展与启示 [J]. 经济问题探索, 2009 (12): 50-54.

【39】吴敏. 全球经济一体化与区域经济一体化的冲突与协调——兼评 GATT/WTO 体制下区域经济一体化的法律制度 [J]. 华东师范大学学报 (哲学社会科学版), 2008, 40 (2): 51-55.

【40】汪淼军, 冯晶. 关于里昂惕夫之谜解释的综述 [J]. 浙江社会科学, 2003 (1): 79-82, 49.

【41】王娜娜. 区域经济一体化的新发展及中国的战略选择 [J]. 改革与战略, 2017, 33 (3): 111-113, 117.

【42】未署名. 保罗·萨缪尔森 [J]. 社会福利 (理论版), 2016 (12): 2.

【43】未署名. 缅怀经济学泰斗萨缪尔森 [J]. 国际经贸探索, 2009 (12): 87.

【44】王小鲁, 樊纲, 刘鹏. 中国经济增长方式转换和增长可持续性 [J]. 经济研究, 2009 (1): 4-19.

【45】王欣莹. "一带一路"背景下的亚投行金融战略分析 [J]. 时代金融, 2017 (24): 34-35.

【46】王勇. 浙江某公司应对绿色贸易壁垒案例 [J]. 企业改革与管理, 2012 (11): 34-35.

【47】王一帆, 大卫·李嘉图的经济学说及其影响 [J]. 新经济, 2015 (11): 29-30.

【48】王展鹏. 论托马斯·孟的经济思想 [J]. 经济视角 (上), 2013 (1): 9-12.

【49】谢德荪. 源创新 [M]. 北京: 五洲传播出版社, 2012.

【50】谢建国, 章素珍. 反倾销与中国出口产品质量升级: 以美国对华贸易反倾销为例 [J]. 国际贸易问题, 2017 (1): 153-164.

【51】谢建江, 杜益民. 真实经济世界的研究者英国经济学家阿尔弗雷德·马歇尔述评 [J]. 财经界, 2017 (2): 106-111.

【52】许建伟, 郭其友. 新新贸易理论异质性企业成因的理论解释评析 [J]. 福建论坛 (人文社会科学版), 2016 (7): 42-46.

【53】徐圣, 黄先海. 中国背离斯托尔珀萨缪尔森定理的解释——基于要素偏向型技术进步的视角 [J]. 经济与管理研究, 2017 (11): 39-49.

【54】夏申. 论不完全竞争条件下的国际贸易 [J]. 世界经济, 1993 (12): 7-14.

【55】徐艳. 论我国纺织品出口潜存的"贫困化增长" [J]. 现代经济信息, 2014 (19): 179-180.

【56】薛誉华. 区域化: 全球化的阻力 [J]. 世界经济, 2003 (2): 51-55.

【57】谢亚玲, 刘海云. "里昂惕夫之谜"与对外直接投资 [J]. 国际贸易问题, 1993 (7): 55-57, 41.

【58】尹伯成. 亚当·斯密经济思想在中国的价值和命运——纪念《国富论》发表240周年 [J]. 学术评论, 2016 (6): 37-41.

【59】杨高举, 黄先海. 中国会陷入比较优势陷阱吗? [J]. 管理世界, 2014 (5): 5-22.

【60】于津平, 顾威. "一带一路" 建设的利益、风险与策略 [J]. 南开学报 (哲学社会科学版), 2016 (1): 65-70.

【61】余翔, 朱琨. 美欧自贸区谈判前景及其影响 [J]. 国际研究参考, 2013 (5): 37-40, 19.

【62】于永波, 王萍. 非关税壁垒的新体系及我国的应对措施 [J]. 中外企业家, 2013 (2): 41-43.

【63】张帆, 魏云志. 环境标准对国际贸易的影响 [J]. 商场现代化, 2017 (4): 5-6.

【64】张凌.《SPS 协定》对我国农产品出口的影响及政策研究 [J]. 河南省政法管理干部学院学报, 2003 (4) 4: 148-151.

【65】周小亮, 笪贤流. 效用、偏好与制度关系的理论探讨——反思消费者选择理论偏好稳定之假设 [J]. 学术月刊, 2009 (1): 75-85.

【66】张希萌, 徐泽林. 概率统计学家埃奇沃思的学术成就 [J]. 咸阳师范学院学报, 2016 (6): 34-38.

二、英文参考文献

【1】Antras, P. Firms, Contracts and Trade Structure [J]. The Quarterly Journal of Economics, 2003, 118 (4): 1375- 1418.

【2】Antras, P., Helpman, E. Global Sourcing [J]. Journal of Political Economy, 2004, 112 (3): 552-580.

【3】Armington, P. The Theory of Demand for Products Distinguished by Place of Production [N]. IMF Staff Papers, 1969, (16): 159-176.

【4】Auty, R. M. Rent Cycling Theory, the Resource Curse and Development Policy [J]. Developing Alternatives, 2007, 11 (1): 7-13.

【5】Auty, R. M., Gelb, A. H. Political Economy of Resource Abundant States, Paper Prepared for the Annual Bank Conference on Development Economics [Z]. 2000, Paris June No. 28750.

【6】Aw, B. Y. Trade Imbalance and the Leontief Paradox [J]. Weltwirtschaftliches Archiv, 1983, 119 (4): 734-738.

【7】Baldwin, R. E. Determinants of the Commodity Structure of U. S. Trade [J]. The American Economic Review, 1971, 61 (1): 126-146.

【8】Becker, G. S. Human Capital [R]. New York: National Bureau of Economic Research, 1965.

【9】Bernard, A. B., Eaton, J., Jensen, J. B., Kortum, S. Plants and Productivity in International Trade [J]. American Economic Review, 2003, 93 (4): 1268- 1290.

【10】Bernard A. B., Stephen J. R., Peter K. S. Comparative Advantage and Heterogeneous Firms [J]. Review of Economic Studies, 2007, 74 (1): 31- 66.

【11】 Bowen, H. P., Leamer, E. E. Seikauskas, L. Multicountry, Multifactor Tests of the Facto Abundance Theory [J]. American Economic Review, 1987, 77 (5): 791-809.

【12】 Brander, J., Krugman, P. R. A "Reciprocal Dumping" Model of International Trade [J]. Journal of International Economics, 1983, 15 (3/4): 313-321.

【13】 Braudel, F. The Wheels of Commerce from Civilization and Capitalism 15th-18th Century, in 3 volumes [M]. New York: Harper and Row, 1981-1984.

【14】 Buckley, P. J., Casson, M. The Future of the Multinational Enterprise [M]. London: Macmillan, 1976.

【15】 Cai, F. Is There a "Middle-income Trap"? Theories, Experiences and Relevance to China [J]. China & World Economy, 2012, 20 (1): 49-61.

【16】 Casas, F. R., Choi, E. K. The Leontief Paradox: Continued or Resolved [J]. Journal of Political Economy, 1985, 93 (3): 610-615.

【17】 Chacholiades, M. International Trade Theory and Policy [M]. New York: McGraw-Hill, 1978.

【18】 Corden, W. M., Neary, J. P. Booming Sector and De-Industrialization in a Small Open Economy [J]. Economic Journal, 1982, 92 (368): 825 - 848.

【19】 Davis, W., Figgins, B., Hedengren, D., Klein, D. Economics Professors' Favorite Economic Thinkers, Journals, and Blogs (along with Party and Policy Views) [J]. Econ Journal Watch, 2011, 8 (2): 133.

【20】 Diab, M. A. The United States Capital Position and the Structure of Its Foreign Trade [M]. Amsterdam: North-Holland Publishing Co., 1956.

【21】 Dixit, A. K., Stiglitz, J. E. Monopolistic Competition and Optimum Product Diversity [J]. American Economic Review, 1977, 67 (3): 297-308.

【22】 Dua, A., Esty, D. C. Sustaining the Asia Pacific Miracle. Washington [R]. DC: Institute for International Economics, 1997.

【23】 Duchin, F. (2000). International Trade: Evolution in the Thought and Analysis of Wassily Leontief [M]. Cambridge; New York and Melbourne: Cambridge University Press, 2004.

【24】 Ekelund, R. B., Tollison, R. D. Mercantilism as a Rent-Seeking Society: Economic Regulation in Historical Perspective [M]. College Station, TX: Texas A&M University Press, 1981.

【25】 Francois R. C., Kwan Choi, E. The Leontief Paradox: Continued or Resolved [J]. Journal of Political Economy, 1985, 93 (3): 610-615.

【26】 Goldin, C. Human Capital. from Diebolt, C., Haupert, M. Handbook of Cliometrics [M]. Springer-Verlag Berlin Heidelberg, 2016: 55-86.

【27】 Grossman, G. M., Helpman, E. Endogenous Product Cycles [J]. Economic Journal, 1991, 101 (408): 1214-1229.

【28】 Helpman, E. The Structure of Foreign Trade [J]. Journal of Economic Perspectives, 1999, 13 (2): 121-144.

【29】 Helpman, E., Krugman, P. Market Structure and Foreign Trade: Increasing Returns, Imperfect Competition and International Economy [M]. The MIT Press, Cambridge, MA, 1985.

【30】 Helpman, E., Melitz, M. J., Yeaple, S. R. Export Versus FDI with Heterogenous Firms [J]. American Economics Review, 2004, 94 (1): 300-316.

【31】 Heravi, I. The Leontief Paradox, Reconsidered: Correction [J]. Journal of Political Economy, 1986, 94: 1120.

【32】 Hicks, J. R., Allen, R. G. D. A Reconsideration of the Theory of Value [J]. Economical, N. S., 1934, 1: 52-76.

【33】 Kalt, J. P. The Impact of Domestic Environmental Regulatory Policies on US International Competitiveness. International Competitiveness [M]. Cambridge, Mass: Harper and Row, Ballinger, 1988: 221-262.

【34】 Keesing, D. B. Labor Skills and Comparative Advantage [J]. American Economic Review, 1966, 56 (2): 249-258.

【35】 Kenen, P. Nature, Capital and Trade [J]. Journal of Political Economy, 1965, 73 (5): 437-460.

【36】 Krugman, P. Scale Economies, Product Differentiation and the Pattern of Trade [J]. American Economic Review, 1980, 70 (5): 950-959.

【37】 Krugman, P. Differences in Income Elasticities and Trends in Real Exchange Rates [J]. European Economic Review, 1989, 33 (5): 1031-1046.

【38】 Krugman, P. R. Geography and Trade [M]. Cambridge : The MIT Press, 1991.

【39】 Krugman, P. R. Where Is the New Economic Geography [C]. The Oxford Handbook of Economic Geography Edited by Clark, G. L., Feldman, M. P., Gertler, M. S. Oxford University Press, 2003.

【40】 Krugman, P. R. Increasing Returns and Economic Geography [J]. Journal of Political Economy, 1991, 99 (3): 483-499.

【41】 Krugman, P. R. Increasing Returns, Monopolistic Competition and International Trade [J]. Journal of International Economics, 1979, 9 (4): 469-479.

【42】 Krugman, P. R. Scale Economies, Product Differentiation, and the Pattern of Trade [J]. American Economic Review, 1980, 70 (5): 950-959.

【43】 Krugman, P. R., Obstfeld, M. International Economics Theory and Policy: International Trade [M]. Beijing: Pearson Education Asia LTD And Qinghua University Press, 2011: 116-117.

【44】 Kwok, Y. K., Yu, E. S. H. Leontief paradox and the role of factor intensity measurement [R]. Australian Conference of Economists, 2005.

【45】 Lal, D. The Repressed Economy: Causes, Consequences, Reform [M]. London:

Edward Elgar, 1993: 345-262.

【46】 Landreth, H., Colander, D. C. History of Economic Thought (4th ed.) [M]. Boston: Houghton Mifflin, 2002.

【47】 Leamer, E. E. The Leontief Paradox, Reconsidered [J]. Journal of Political Economy, 1980, 88 (3): 332-349.

【48】 Leamer, E. E. The Leontief Paradox Reconsidered [J]. Journal of Political Economy, 1980, 88 (3): 495-503.

【49】 Leamer, E. E. Factor-Supply Differences as a Source of Comparative Advantage [J]. American Economic Review, 1993, 83 (2): 436-439.

【50】 Leontief, W. Domestic Production and Foreign Trade: The American Capital Position Re-Examined [J]. Proceedings of the American Philosophical Society, 1953, 97 (4): 332-349.

【51】 Linder, S. B. An Essay on Trade and Transformation [M]. Stockholm: Almqvist & Wicksell, 1961.

【52】 Melitz, M. J. The Impact of Trade on Intra-Industry Reallocations and Aggregate Industry Productivity [J]. Econometrica, 2003, 71 (6): 1695-1725.

【53】 Melitz, M. J. The Impact of Trade on Intra-Industry Reallocations and Aggregate Industry Productivity [J]. Econometrica, 2003, 71 (6): 1695-1725.

【54】 Moroney, J. R., Walker, J. M. A Regional Test of the Heckscher-Ohlin Hypothesis [J]. Journal of Political Economy, 1966, 74 (6): 573-586.

【55】 Posner, M. V. International Trade and Technical Change [J]. Oxford Economic Papers, 1961, 13 (3): 323-341.

【56】 Posner, M. V. International Trade and Technical Change [J]. Oxford Economic Papers, 1961, 13 (3): 323-341.

【57】 Richard A. B., Ehsan, U. C. Leontief Paradox, Continued [J]. Journal of Political Economy, 1982, 90 (4): 820-823.

【58】 Robinson, H. D. Industrial Pollution Abatement: The Impact on the Balance of Trade [J]. Canadian Journal of Economics, 1988, 21 (1): 187-199.

【59】 Rugman, A. M. Inside the Multinationals: The Economics of Internal Markets [M]. New York: Columbia University Press, 1981.

【60】 Rybczynski, T. M. Factor Endowment and Relative Commodity Prices [J]. Economic, 1955, 22 (88): 336-341.

【61】 Sachs, J. D., Warner A. M. Natural Resources and Economic Growth [M]. Mimeo. Cambridge MA: HIID, 1997.

【62】 Salvatore D. International Economics [M]. 北京: 清华大学出版社, 2004.

【63】 Schultz, T. W. Reflections on Investment in Man [J]. Journal of Political Economy, 1962, 70 (5): 1-8.

【64】 Stolper, W. F., Samuelson, P. A. Protection and real wages [J]. The Review of

Economic Studies. Oxford Journals, 1941, 9 (1): 58-73.

【65】Subramanian, A. Trade Measures for Environment: A Nearly Empty Box? [J]. World Economy, 1992, 15 (1): 135-152.

【66】The World Bank. China 2030: Building a Modern, Harmonious and Creative High -Income Society [R]. The World Bank and Development Research Center of the State Council, The People's Republic of China, 2012.

【67】The World Bank. The Growth Report: Strategies for Sustained Growth and Inclusive Development [R]. Washington DC: the World Bank, 2008.

【68】Travis, W. The Theory of Trade and Protection [M]. Cambridge, Mass: Harvard University Press, 1964.

【69】Travis, W. Production, Trade, and Protection When There are Many Commodities and Two Factors [J]. American Economic Review, 1972, 62: 87-106.

【70】Vanek, J. The Natural Resource Content of United States Foreign Trade, 1870-1955 [M]. Cambridge, Mass: M. I. T. Press, 1963.

【71】Vermon, R. International Investment and International Trade in the Product Cycle [J]. Quarterly Journal of Economics, 1966, 80 (2): 190-207.

【72】Vernon, R. International Investment and International Trade in the Product Cycle [J]. The Quarterly Journal of Economics, 1966, 80 (2): 190-207.

【73】Yeaple, S. R. A Simple Model of Firm Heterogeneity, International Trade, and Wages [J]. Journal of International Economics, 2005, 65 (1): 1- 20.